经济发展
需要什么

[美] 阿比吉特·班纳吉　吉塔·戈皮纳特
[印度] 拉古拉迈·拉詹　米希尔·夏尔马 编

姚筱姝 译

中国出版集团
东方出版中心

图书在版编目（CIP）数据

经济发展需要什么 / (美) 阿比吉特·班纳吉等编；
姚筱姝译. -- 上海：东方出版中心，2022.9
　　ISBN 978-7-5473-2038-9

　　Ⅰ.①经… Ⅱ.①阿… ②姚… Ⅲ.①经济发展
Ⅳ.①F061.3

中国版本图书馆CIP数据核字（2022）第155239号

WHAT THE ECONOMY NEEDS NOW edited by
Abhijit Banerjee, Gita Gopinath, Raghuram Rajan, Mihir S. Sharma
Copyright © 2019 by Juggernaut Books
中文版权 © 2019 东方出版中心 All rights reserved.

上海市版权局著作权合同登记号：图字09-2022-0617号

经济发展需要什么

编　　者　[美]阿比吉特·班纳吉　　[美]吉塔·戈皮纳特　　[印度]拉古拉迈·拉詹
　　　　　[印度]米希尔·夏尔马
译　　者　姚筱姝
策　　划　郑纳新　江彦懿　韦晨晔
责任编辑　韦晨晔　江彦懿
装帧设计　Lika李佳

出版发行　东方出版中心有限公司
地　　址　上海市仙霞路345号
邮政编码　200336
电　　话　021-62417400
印　刷　者　上海盛通时代印刷有限公司

开　　本　890mm×1240mm　1/32
印　　张　7.75
字　　数　94千字
版　　次　2022年9月第1版
印　　次　2022年9月第1次印刷
定　　价　69.80元

目　录

如何阅读本书

　　本书共有十四章，包括十三位经济学家的文章。每一篇文章都解决一个需要政府关注的特定的经济问题。这些文章代表经济学家们的个人观点，与任何党派和机构无关。

　　一些文章分析问题十分具体。所以，为了方便读者阅读，编者在每篇文章深入探讨问题之前对所需解决的问题进行了简单陈述。另外，每章结尾处总结了建议的解决途径。

　　《为什么强大、公平和可持续的增长对印度至关重要》一文是我们提出的所有议题的综述。

　　最后，后记部分指出八项具体改革来应对印度八项最大的挑战。

为什么强大、公平和可持续的增长对印度至关重要

　　印度是全球经济增长最快的大型经济体之一，过去二十五年以年均7%的速度高速增长。在这个时期，印度有许多著名的改革——不久前，合作财政联邦制催生了商品和服务税（GST）；印度《破产法》（*Indian Bankruptcy Code*）实施；最近几年的大幅度通货收缩，部分原因是转向了通货膨胀目标制。

　　虽然这些成绩值得赞扬，但我们不应满足于此。印度仍然是二十国集团（G20）中最贫穷的国家之一，并且贫穷的国家理应增长得更快，因为追赶性增长更容易实现。同时，印度经济发展带来的福利分配极其不均，收入顶端的人的收入增长速度也比社会其他群体快。环境污染严重程度加剧和碳排放量大幅上升，带来新的环境挑战，我们

如不遏制，将存在发展停滞甚至倒退的风险。

印度没有创造足够的就业岗位：尽管印度就业方面数据质量低且存在争议，但根据最近的新闻报道——280万人应聘9万个铁路部门低层次岗位——可以判断我们没有满足人民对就业岗位的需求［辛格（Singh），2018］。不幸的是，我们没有条件像许多亚洲国家一样走外贸主导增长性道路脱贫。尽管我们具有充足且廉价的劳动力的优势，但我们并没有成为全球许多供应链中的一部分。即便许多国际公司出于降低政治风险、增加多元性的考虑，寻求中国以外的市场投资，它们也很少将印度视为明显的替代选择。

鉴于印度的大陆面积，印度没有必要走出口导向型道路。然而，它需要确保通过以下过程，在技术领域，通过经济增长创造就业岗位和收入：

创造半技术岗位给目前未充分就业或未就业者和想要离开低产农业的人群——甚至还应同时提高农业本身的生产效率和以农业为生的人群的收入。

提高妇女的劳动参与度。印度是劳动力中妇女参与比例最低的国家之一，从1990年的35%下降到2017年的27%。印度是该比例下降的少数几个国家之一。该情况限制了经济需要的人才库，即便工作会限制妇女的人生选择，但是证据表明，许多妇女仍然愿意工作。

把就业岗位和经济增长从沿海各邦扩展到内地和东北部邦。

正如后文将论述的那样，改革的巨大可能性将把我们带向更快和更公平的增长道路。然而，我们必须**谨慎分配稀缺资源，确保基础设施领域有足够的投资以创造就业**。印度的总财政赤字（邦加中央）仍然接近GDP的6.5%，几乎比G20其他任何一个国家都高，与5年前的水平相比没有显著下降。然而近些年，我们的投资却大幅下降。不仅如此，我们的外部融资需求（以经常项目赤字或CAD计算）在2019年初明显变大，增加了经济的脆弱性。同时，就经济增长方面来说，既然印度比其他亚洲新兴市场更加依赖内需，则需要更加注重宏观经济稳定性。鉴于以上这些原因，印度需要**优化政府支出优先次序**，着力填补明显的投资缺口、保护经济脆弱项。政府还需要通过以下方式来增加收入：**提高税收的累进性**，对未纳税的富人更加有效地征税，将更多的人纳入税收网络，并在适当的时候向政府服务使用者收费。

刺激经济增长的一个关键因素是进行改革，以减轻"供给侧"对经济增长和创造就业的制约。我们要使工业和服务业都能更大规模地运转起来。这包括进行拖延已久的**劳工改革**，例如，允许公司和员工签订形式多样的合同，除长期工和短期合同工外，还允许更多用工形式的可能性。其他用工形式的可能性，可以给员工更多的职业安全感，让公司有动机对员工的技能进行培训和投资，甚至让公司扩大经营规模。类似的，**让土地所有权更清晰**和在保护卖方利益的前提下，简化征地程序，如此可以降低土地成本——增加就业最关键需求之一。加强监管环境的可预见性和平稳性——削减冗余或不必要的规定，在发展带来的新领域谨慎地制定新规则，并且高效公正地执行新规则——可创造更好的商业环境。我们必须提高监测机构的能力并加强其独立性。

规模也是生产率增长的关键，而生产率增长反过来又对印度扩大其在世界出口中的份额至关重要。美国目前正在重新调整方向，这为印度提供了一个好机会，可借机将自己定位为廉价商品和零部件采购的可行替代选择。为此印度需要进行前文提到的宏观和产业政策的改革，**消除印度成为全球供应链中重要合作伙伴的现存障碍**。降低最近有所上升的进口关税，同时重新作出抵制贸易保护主义政策的承诺，将是实现这一目标的好方法。

在描绘经济蓝图时，我们必须认识到政府的能力是有限的——相对于被分配的工作任务来说，政府职员的数量不足。同时还存在职员积极性不高、缺席率相对高以及培训不足等问题。**政府揽活太多，兑现太少**。然而，政府有效、有针对性的参与对于经济公平发展非常重要，而经济公平发展是我们民主的必要条件。

一个部分解决问题的方法是权力下放，将更多的权力和资金下放给邦，或许更重要的是，将邦内权力进一步下放到**市**和**村务委员会**。这样能让决策过程更加动态化，使政府的政策对当地的情况更加敏感，增加地方民主对官僚的控制。

战略性地使用技术有可能对此也有帮助——前提是我们保持谨慎，不迷信技术且注意交易中的人为因素，并在配置技术时设置足够的防护。正如前财政委员会的提议，有了技术帮助，我们更容易监测当地资金的流动和使用，让资金进一步下放。一般来说，**有效使用科技有助于替代政府人力**，增加政府服务的获取点，监督服务和减少系统漏洞。

虽然关于公营部门是否应该占据私营部门能够提供服务的领域的辩论无疑将继续下去，但可以肯定的是，公营部门应该退出贡献少却耗尽国库、扭曲竞争的领域。政府也应该重新考虑它对那些会增加干扰和不确定性的领域的干预。比如，不断调整农产品进口关税，毫无预兆地关闭或开放出口或进口窗口，无法有效采购和发放农产品，这些做法对农业的危害远大于益处。虽然这些行为名义上是造福农民和消费者的，然而受益者常常是中间人。

此外，**即便农产品产量高和价格低对消费者有利，也有助于控制通货膨胀，但对农民来说代价可能非常大。**豆类的例子可以说明这一点。例如，2016—2017年，印度豆类产量达到了有史以来国内最高——接近2 300万吨，这可能是农民对连续干旱之后恢复了正常的雨季的反应等多重因素共同作用的结果。该产量完全可以满足国内需求。尽管如此，印度以零进口关税进口了多达660万吨的豆类（国内生产总额的近三分之一），造成国内供应大规模过剩，之后两年豆类价格持续下跌，直到今天；现在豆类价格比2016年的峰值低30%。

除了让政府退出它不该进入的领域外，还有一项同样紧迫的任务：在政府表现不佳或几乎缺位的领域加强政府行为，这包括监管和认证教育或医疗服务提供者；逮捕并成功起诉经济犯罪者；在不阻碍经济增长的前提下，规范无序发展和减轻环境破坏。

为了实现公平和持续的增长，我们必须大刀阔斧改革教育、技能培训、医疗保健和福利体系。我们的小学教育情况不尽如人意，**只有大约一半的五年级学生能达到二年级的数学和阅读水平**。针对这种情况，越来越多的家长把孩子转到私立学校，但私立学校也只是稍强于公立学校，而且以现有办学形势也无法解决教育质量低的问题。到了高年级，情况也并未好转——印度学生在国际学生评估项目（PISA）中的得分非常低，以至于我们拒绝再参加国际基准测试。**人力资本质量低下可能已在制约经济增长（工业界越来越担忧大量出现且不断加剧的技能短缺问题）并且限制经济的包容性**，也可能过早引发用机器取代人工的行为。

医疗是另一个重大问题。特别是**公共医疗系统已经很大程度上被那些需要常规初级治疗的病人所抛弃**。他们更愿意花钱去私立医院接受治疗——尽管许多医师不合格，而且在70%以上的病例中开出了错误的处方。在一定程度上这是公营部门失败的后果：公营医院的医生经常缺席，即使在岗，他们也不会花太多精力在治疗上。这尤其令人担心，因为我们需要一线医务人员担起责任，牵头应对越来越大的非传染性疾病（NCDs）的压力和负担，以及只能得到部分解决的儿童和孕产妇健康问题。

目前尚不清楚作为当下应对健康问题的主要举措，最近出台的"阿什曼·巴拉特保险计划"（Ayushman Bharat Scheme）将如何解决这些问题。

同样的问题也存在于教育领域。**未能确保高质量的教育和医疗供给，意味着我们很大一部分未来劳动力长大后缺乏劳动市场需要的技能**，并且将长期受发育不良和消瘦的后果的影响。许多中年人将面对本来可以预防或控制的衰弱性疾病的影响。这很明显限制了经济发展的可持续性和包容性。

当然，环境问题是我们经济持续增长的一项重要挑战，其重要性甚至关系到经济多大程度上转化为生活质量的提高。我们许多城市的污染水平正日益接近有毒有害的边缘。如果我们在现阶段的发展水平下不能处理好环境问题，那么进一步的经济发展将会让环境问题更加严重。例如，环境短视政策的后果体现在我们国家很多地区**不断下降的地下水位**上，威胁着我们农业的可持续性发展。与此相关，气候变化已经对印度的生产力和生活质量产生了重大影响，我们必须在全球保护环境的运动中站出来，与环境污染做斗争。

　　我们当前的政策不符合包容性和可持续的增长议程，这反映在全社会越来越强烈的不安情绪上。农业动乱，农民不时要求减免农业贷款，现在那些远非贫穷的阶层也要求政府给予某些形式的帮助。这反映出在一个日趋呈现出"赢家通吃"局面的社会里，印度人对他们自己和子女的未来的担忧，在这样一个社会里，这些人最终往往是输家。我们的福利体系，例如"圣雄甘地国民农村就业保障计划"（Mahatma Ganhdi National Rural Employment Guarantee Scheme, MGNREGS）和"首相农村住房计划"（Pradhan Mantri Gramin Awas Yojana），主要针对极度贫困人口［唯一例外的是公共分配系统（PDS）］，所以他们对极度贫困人口之外的群体没有保护作用。**如果没有更强劲、可持续和包容性的增长，我们根本没有资源大幅度扩展我们的福利计划，**但如果我们真的实现了这种增长，对福利的需求不仅会减少，而且会有更多的资源满足所有需求。

　　最重要的一点是，虽然相较于别国政府，我们在过去二十五年中的表现值得称道，但是考虑到经济上的挑战，我们也绝不能自满。经济上的挑战越来越大。

　　我们是一群经济学家，各自有不同的专长和兴趣，共同为印度未来的发展道路建言献策。我们中，有些人在印度，有些人在国外，但我们都紧密参与并关心印度的发展。我们不属于任何党派，也没有受任于政府。我们希望这种对印度局势的无党派分析，虽然不是全面的，但是有助于在印度大选之际引发辩论。

简介剩余部分总结了我们的建议，并对我们面临的一些关键问题提出了共同意见。我们每个人的文章详细阐述了个人的观点和建议。每篇文章都只代表作者本人观点，和他们所在机构没有必然联系。

宏观经济稳定：经济可持续发展和创造就业的前提条件

印度经济的发展历史一次又一次地说明了同样的道理：维持宏观经济稳定是实现强大和持续的经济增长的重要先决条件。**每次以牺牲宏观经济稳定为代价来换取经济增长，经济就会被推向危机。**这样做的后果已经破坏了最初政策想要实现的经济增长。

确保宏观经济稳定至少需要三个要素：保持低水平稳定的通货膨胀；确保综合财政赤字为私人投资留有足够空间；确保经常项目赤字的可持续性，并且大部分能够通过稳定的资金流入筹集资金，来帮助经济免受全球经济突然波动的影响。

严重和不稳定的通货膨胀构成累退税，穷人首当其冲，因为他们的收入通常最不与通货膨胀挂钩。它还阻碍了外国投资者投资卢比资产。同样的，规模大且不可持续的财政或外部失衡会给宏观经济和金融市场带来巨大的不确定性，推高借贷成本和经济中的风险溢价，并威胁到金融稳定。所有这些都不利于私人和公共投资。

▶ 财政整顿为投资创造更多空间

近些年，印度在抵御通胀方面取得了很大进步。2014—2018年间，平均通货膨胀率刚过4%，而2009—2014年间，该数据几乎达到10%，家庭通胀预期在逐步稳定。而财政方面的情况有所不同。虽然中央财政赤字在稳步降低，但是各邦总债务——即使调整政策，实施了UDAY[1]计划后，各邦承担了一些电力公司债务——最近几年还在持续增长。这种增长很大程度上抵消了中央的财政整顿成果。因此，中央和各邦的总财政赤字在2017—

1　UDAY（Ujwal Discom Assurance Yojana）是改善配电公司（DISCOMs）财务状况的项目，受印度政府许可，目的是提高配电公司运营效率。——译者注

2018年度占GDP的比重超过6.5%，与五年前相比水平变化不大。

若要在这个难题上取得进展，我们建议：

- 坚持财政责任与预算管理（FRBM）审查委员会的方针路线，**将综合财政赤字降至GDP的5%**，将广义政府债务降至GDP的60%。

- 中央和各邦制定"议价协议"，给予各邦激励措施，使其与中央的财政目标保持一致。目前，以下中央财政目标几乎完全没有实现：
  ▷ 把商品及服务税委员会模式作为合作式联邦制的成功典范；
  ▷ 用财务委员会的奖励来鼓励好的做法；
  ▷ 逐渐取消中央对超出预定限额的邦的市场借款的担保，使邦的市场借款成本与其财政表现挂钩。

- **采用更好的核算方法**核算邦和中央的或有负债和表外负债，以估算政府的总体融资需求，再估算其储蓄要求。当我们加入必要的、将持续到未来很长一段时间的医疗和养老金计划时，这一点尤其重要。这些公民应享权利的费用必须根据长期使用和费用增长来确定，不应根据目前的花费，尤其是因为这些权利上的费用几乎不可能赎回。

▶ 减少来自对外部门的风险

印度对石油进口的依赖常常导致原油价格一变化，国际收支（BoP）就陷入"繁荣-萧条"的循环。例如，2016—2017年，原油价格下降时，经常项目赤字降低到国民生产总值的0.7%。而2018年，当原油价格回弹时，经常项目赤字就接近国民生产总值的近3%。这导致了前一种情况出现较大的国际收支顺差，后一种情况出现较大的国际收入缺口。这种剧烈波动使货币政策、汇率和流动性管理复杂化，并造成过度外部和财政波动（因为油价也会改变财政的计算）。我们应该：

- 像巴拿马、加纳和墨西哥一样，实施一项系统计划来**对冲原油价格**。
- 采取一系列措施来**降低对外部门风险**：
  ▷ 吸引更多外国直接投资（FDI）；
  ▷ 不鼓励"热钱"；
  ▷ 鼓励金融机构对外汇借款进行更多的对冲操作；
  ▷ 发展与黄金价格挂钩的国内替代性金融资产。

修复压力大的行业

对于压力大的行业或领域，需要进行谨慎而迅速的政策改革。这些行业或领域包括农业、基础设施（含电力）、出口和银行业。所有修复的核心措施都有共通之处。一般来说，我们需要在**每个需要改革的领域重新分配政府的投入，将政府的精力集中在确实需要政府发挥作用的领域。**过度或错位的官僚主义和干预会导致市场准入不足、价格扭曲和激励不力。尽管最近政府努力提升印度在世界银行的"营商便利"排行的举措值得赞扬，但是我们应该避免把重点放在世界银行具体的标准上的倾向，而忽略了印度营商更普遍的障碍。我们现在来更详细地讨论每个行业。

▶ 农业和农村经济

我们需要对农业进行深层次的改革，不应把它视为一个必须通过重复的举措来支撑的部门，而要把它作为印度创造就业和增长的引擎。为此，我们必须彻底改革农业政策和土地政策。近年来农业困境的一个关键根源是，农民面临的贸易条件日益不利，部分是由遏制食品价格通胀的政策造成的。**虽然低通货膨胀本身很好，但是需要考虑它**

对农民的影响。政策重点应是减少农产品价格以及投入价格的扭曲。另一个重要的推动力量是技术，在教育和告知农民以及开放市场准入方面都需要技术推动。

改革农业的一些具体建议包括：

- 增加**研究**投入——包括对新种子的投入，其中包含那些经过基因改造（GM）的种子，以及最新的农业和灌溉技术——广泛传播新技术，包括通过数字手段。投资基础设施，如**灌溉系统、道路，以及改善运输和仓储物流**。避免对不需要投资的领域进行贷款豁免，而导致资源分散。

- 确保农民从消费者支付的款项中获得更多收入：
  ▷ 通过减少费用和限制竞争并建立必要的基础设施，提升**农民进入国内和国际市场的机会**；
  ▷ 避免频繁关闭或开放国际市场。

- 促进相关作物的规模化种植：
  ▷ 通过建立农民或生产者合作社；
  ▷ 通过让土地长期出租变得更容易；确保土地所有者拥有明确的土地所有权是一个重要前提。

- 转变为基于数字化和地块识别的每英亩种植的固定现金补贴［正如特兰加纳邦政府的"里图·班杜"

（Rythu Bandhu）计划所成功证明的那样］，**取代**昂贵（因为采购和存储的腐败和低效）、低效（因为采购范围不够大，尤其是在最需要的时间和地方）和扭曲的（因为激励种植错误的作物）的**价格支持计划**。

- 改进和推广现行的"首相作物保险计划"（Pradhan Mantri Fasal Bima Yojana, PMFBY），特别是当气候变得更加不稳定时。

  ▷ 利用卫星图像和无人机等新技术对**作物损失**进行**快速评估**，以及快速向银行账户付款，将增加采用这种保险计划的农民数量。

- 对于无地劳动者来说，最好的短期政策选择可能是加强农村就业保障计划。证据表明，认真执行农村就业保障计划的地方，市场工资明显更高且并未损害就业。因此，增加对农村就业保障计划的拨款并确保其得到更好的实施可能是保护无地农村贫困人口的最佳即时政策选择。

  ▷ **农村就业保障计划的支出效率**可以通过与相关部门合作、提高资产质量和创建质量更好的农村基础设施来提高。

▶ 基础设施

加快基础设施建设带来很多益处。在建筑和基建带来的道路、港口、飞机场、铁路和住房这些新经济活动领域创造就业岗位；将内陆农村地区与市场连接起来，从而提升包容性；使出口（内销的制造业）更加有竞争力，因为基建能降低投入费用［例如，土地（因为更加便宜的土地是相通的）和电力方面的费用］并改善物流，降低交通费用；对国内国外开放旅游业，给半熟练工创造大量的工作机会。

为加快推进基础设施建设，我们必须：

- 为**解决项目停滞不前**的问题，不断改进征地流程，同时着手解决环境许可问题，提高原材料供应量并在不同行业设立监管机构。

- 通过**电脑制图**、政府担保所有权、建立土地储备、使用拍卖进行土地收购等，更便捷地获取发展用地。一些邦在这些方面的措施颇有成效，而另一些邦较落后。消费税委员会的模式可以用来分享中央和邦之间的最佳做法以及制定全国性措施，例如土地权属改革。

- 通过公共金融改革（资产回收、资产交换、支出改革），释放公共资源用以投资。
- 用适当和可执行的风险分配振兴公私伙伴关系（PPPs）。
- 建立**经济特区**（SEZs），不只服务出口，也服务国内产品。提高该区域的基础设施水平，同时让土地和环境许可更易获得，以促进投资。经济特区可以作为试验另一种制度的实验室，为是否将制度大规模推广提供决策依据。然而，重要的是，经济特区不要再次沦为掠取土地和寻租的机会。

► **电力**

尽管印度拥有世界上最丰富的煤炭储备和大量未使用的发电能力，但印度的煤炭和电力仍然短缺。这是政策自我导向的结果——源自政府在煤矿开采和配电中的主导地位和定价中的民粹主义冲动。然而，我们较差的基础使我们能够在21世纪进行电力系统改革时选择一条能源效率更高、污染更少的道路。为此，我们必须：

- 以能源自由定价促进开展更多能源尤其是清洁气体勘探工作，同时采用**碳税**（或可交易的碳使用许可）来匹配私营动机和社会消耗；

- 鼓励参与煤**开采权拍卖**；

- 在天然气分配和天然气资源开采方面允许更多的竞争；

- **降低电网使用门槛，提升电网可靠性**，减少使用低效的柴油发电机；

- 在**国家垄断领域**创造竞争，改革分配；

- 使用**可再生能源**发电，认识额外平衡电力和存储需求。

▶　出口

过去三年，印度非石油、非黄金的经常账户余额下降了GDP的近3%，这要求我们采取紧急措施，提高贸易部门的潜在竞争力。促进出口应该是这一战略的关键。出口部门现有的限制似乎反映了制造业更普遍的问题：生产规模小、生产率低、官僚系统障碍以及土地和电力等投入成本高。除了上面提出的建议外，我们还需要：

- 通过贸易协定、更简单的港口文件手续、低而稳定的关税，使印度能够成为全球供应链的一部分。**跨境贸易的高关税和其他障碍**不仅阻碍了国内出口商，也阻碍了外国制造商将印度视为他们的供应链中可以合作的伙伴。

▶ **金融领域**

鉴于银行系统中不良资产（NPA）的累积，我们必须使银行系统更加稳健、资本更加充足，提高其放贷能力，并增强其向生产率最高部门放贷的动机。尽管非银行金融公司（NBFCs）最近的困境令人担忧，他们的一些问题源自他们逐渐取代银行的过程中，资产负债扩张过快。银行体系的稳定将有助于金融体系其他板块的稳定；当然，反之亦然。

银行业面临的主要挑战是**改善整个系统的治理、提升透明度和优化激励机制**。关键措施应包括：

- **恢复**债务重组后可恢复的项目，清理银行资产负债表；
- 提高国有银行的管理和经营水平，然后调整资本结构；
- 鼓励将风险转移至非银行机构和市场以消除银行业风险；
- **减少政府对公有银行以及更普遍的银行下达指令的数量，减轻指令分量。**

非银行金融部门需要一个强大的银行体系，以及有深

度的股票和债券市场，由流动性强的二级市场以及健全的
监管和法律基础设施支持。主要措施优先项包括：

- 鼓励机构投资者参与的政策，发展**流动性强的、有
  深度的公司债券市场**；
- 增强政府债券市场的流动性，增强对机构和散户投
  资者的吸引力；
- 发展诸如固定收益衍生品之类的缺失（或新生）市
  场，来对冲固定收益证券的信用和利率风险。

促进包容性和可持续增长

　　一份好工作往往是最重要的包容手段。我们需要帮助
个人具备使他们能够获得并保住工作的能力，并保护那些
不能找到工作的人。我们现在讨论关于包容性的建议。

▶　教育

　　印度教育系统的最大局限性是在小学阶段未能普及功
能性识字能力和计算能力。一些研究表明，三年级末仍未
掌握这些基本技能的学生即使还继续上学，在接下来的三
年中学到的知识也非常少。因此，我们教育政策的首要重
点是：

- 把在三年级时让学生普遍掌握功能性识字能力和计算能力作为一项国家任务。完成这一任务的关键要素应包括：

  ▷ 改进现有教师出勤和教学的激励机制；

  ▷ 为区域或学校提供资源，聘请补习教师或使用新科技为学生提供**小组指导**，为他们提供与他们水平相符的教学；

  ▷ 独立评估学习成果，根据学习成绩的提高对邦、地区、街区或学校进行奖励或表彰。

《教育权法》（*The Right to Education*, RTE）以投入为基础来提升教育质量的方法不太可能成功，因为大量证据表明，大多数学校的投入对于改善学习成果，既不必要也不充分。《教育权法》让家长们自愿选择的几所低费用私立学校在混乱中关闭，这原本是不必要的。在许多情况下，即使是公立学校也违反了这些以投入为基础的规范。我们因此建议：

- 废除在《教育权法》（对公立和私立学校）下所有以投入为基础的指令，转而将精力集中于**以透明和公开为基础的私立学校监管**上。这种方式会扭转目前的趋势并且促使：

▷ 高品质私立学校数量增多。

▷ 公立学校进行本土化和高性价比的创新。这点
在《教育权法》的规定下很难实施。(例如,聘请
没有正式教学证书的老师来提供补充的教学支持
活动)

- 最后,由于学校教育主要是在邦政府的管辖范围内,
我们建议联合人力资源发展部认真执行由"改造印
度国家研究院"制订的学校教育质量指数(School
Education Quality Index, SEQI)计划。持续实施学
校教育质量指数计划,并将一些中央资金与这些指
标的改善程度挂钩,将有助于:

▷ 将**政策重点转向成果**,而不是投入和项目;

▷ 鼓励政府主导的高成本效益的政策创新来提升
结果;

▷ 促进各邦记录和分享最佳做法。

虽然中小学教育的提升是教育的关键组成部分,但是
我们不能忽视职业教育或技能教育和大学教育。两者对于
我们的年轻人获取未来工作所需的技能至关重要。**高质量
的研究型大学至关重要**,它们既能为我们的学院培训教师,
也能为我们下一阶段增长所需的创新提供动力。

▶ 应对技能短缺问题

人们普遍认识到，尽管劳动技能极度稀缺，但目前受政府补贴的技能培养模式却表现不佳。更有效的似乎是私营企业为培训他们自己的劳动力提供的技能培训。然而，根据现行法律，私营企业雇用临时员工时间最长为一年，超过一年之后，他们要么必须解雇员工，要么雇用他们为长期员工。考虑到长期员工费用高、灵活性差，许多公司只和雇员签订短期合同，在他们成为长期员工之前终止合同。这种情况下，公司不得不频繁雇用新雇员并且缺乏动机为员工提供培训，这不利于公司，同时也不利于员工，因为工作没有稳定性，个人也得不到培训。

同时，鉴于通常情况下，政府是唯一提供稳定工作岗位的单位，所以许多年轻人在二十多岁时把时间花在申请政府工作上，而不去从事其他工作。然而，政府职位的成本极其高昂——这在一定程度上要归功于连续的薪酬委员会的慷慨——所以这样的工作太少了。因此，不满的人会说，一方面**政府和私营部门缺少劳动力**，然而另一方面年轻人坐在家里填写申请表和准备考试。我们提议：

- 修改法律，允许签订多年定期劳动合同，终止后可再续。遣散费应随任期的延长而稳步增加。此举的意图是**让更多的合同工签订这些定期合同**。这样可以在最初阶段和后期更好地保护劳动力，让企业有更大的灵活性，也让企业有更充足的动机在培训员工上投资。

- 我们研究了公共私营合作制模式在技能培训中总体而言不成功的原因，还找到并分享了成功的最佳实践。特别是**让企业扩大现有培训项目，将它们并未确定雇用的培训生包括进来**，这么做效果是否更好，值得进一步研究，因为这些培训项目培训实用技能，而不是依赖独立运行的培训公司提供培训。

- **政府可为26岁以下的应聘者设立带薪实习岗位**，让他们在政府部门担当外勤或后勤岗位的辅助人员。实习的表现可以作为应聘政府工作的必要条件。这样可以缓解政府人力资源紧缺问题，同时培养劳动力在职技能。

▶ **妇女的劳动参与率**

妇女的劳动力参与率低的问题，显然受供应和需求方面的影响。劳动力中女性的供给量下降了，因为家庭不允许女性工作，同时因为女性感觉无能为力。在需求方面，私营部门缺少对女性友好的工作——同时还有明显和不断增长的歧视。我们建议可以首先采取以下措施：

- 在邦和国家立法机构中、公共行政机构中、司法机构和警察队伍中增加女性的代表权，可减轻对女性的歧视并且鼓励家庭为妇女的发展投资，使她们成为赚钱的一分子。

- 女性在**公共场所的安全**是一个重要问题，增加女性警察数量是让妇女更加安全的一个方法。

- 除了配额之外，为鼓励妇女工作，必须加深对不让更多妇女参加工作的代价的认知，并**对妇女及她们家人进行行为干预**。

- 我们需要鼓励私营企业实施妇女友好政策，但是企业必须支付女性育儿费和产假的法律规定可能正好不利于他们雇用女性。至少在私营企业开始认识到它们需要女性之前，此类对妇女友好的举措需要得到公共基金的补贴。

▶ 医疗保健

印度的医疗体系的改革必须大刀阔斧。心脏病、糖尿病和癌症等非传染性疾病越来越普遍，因此医疗保健需要调整方向来应对这些疾病。

- **将公共卫生推广活动扩大到私营部门，包括没有医学学位的人。**因为大多数的初级医疗保健由他们提供，他们能够广泛实施我们的公共卫生干预措施（免疫、锻炼、检测）。西孟加拉邦的研究表明，培训私营部门的医疗服务提供者可显著提高他们的表现（通过给他们送"假"病人来衡量）。在此基础上，西孟加拉邦已经开始培训数千名私营部门的医疗服务提供者。总之，采取以下措施可能有效：

  ▷ 开发一系列简单的培训干预措施，以帮助这些从业人员提高他们的护理质量；

  ▷ 创建一套**基于手机的检查清单**［遵循阿图尔·加万德（Atul Gawande）为美国提出的建议，但是更为基础］方便医生面对共同症状制定治疗方案；

  ▷ 引入一种让政府能够认证这些从业人员为"**卫生推广工作者**"的简单测试，让工作者们提供各种公共卫生干预措施；

  ▷ 执行现有法律，禁止这些从业人员配发高效抗生素和类固醇，并鼓励在必要的情况下转诊。

- 开展公共卫生运动，提高对非传染性疾病、免疫和过度用药危险的认识。最近证据显示电子游戏可能在这方面功能强大，应被广泛应用。

- **在邦首府以外的每个区总部建立第二所地区医院。**新医院建成并投入运营后，对现有的地区医院进行翻新和现代化改造，使其达到可接受的标准。目前的地区医院通常过于拥挤，部分原因在于它是公共医疗系统中唯一运行得较好的部分，还有部分原因在于私立医院价格昂贵。在私立医院不合作的情况下，第二所地区医院将为阿什曼·巴拉特计划提供急需的支援。第二所地区医院也可以作为非传染性疾病的诊断和治疗中心。

► **环境**

一方面，企业抱怨获得环境许可很困难，另一方面，环境质量确实不尽如人意。另外，气候变化近在眼前，我们应该考虑到在下一个十年左右碳排放量达到顶峰，然后再大幅降低排放量。因此，我们需要在环境和气候变化方面更加专业，在监管过程方面更加透明。

- 应颁布新的环境保护法。新法规定以**五年为期将污**

染监管委托给一个完全独立的监管机构，只有受到弹劾才能终止。监管机构必须通过对行业收取一部分税费来自动获得资金。监管机构必须被要求使用能找到的最好的科学和经济证据，对污染物（或者是与污染密切相关的添加物）收取污染费并且让污染费与它们造成的损失的预估价值相当，必须有权对不遵守规定的人征收罚款。另外，监管机构可能限制或禁止某些污染物的排放，并关闭不遵守规定的企业。费用和补贴的收入应属于政府，用于补偿损失方、补贴污染控制和清洁替代品，或用于一般预算，而不应归监管机构所有。

- 在短期内改善能源价格的政策措施可包括：

  ▷ 将印度煤炭价格设定在国际平均水平。

  ▷ **按照社会边际成本价核定电价，然后将收入用于增加获取能源途径的公平性方面**，例如为贝里松计划的用电提供资金（免固定费用）和向农业用户提供小额贷款。

  ▷ 烹饪和取暖设备造成的污染占印度空气污染的四分之一，需要制定单独的政策。为保证居民做饭和取暖用电，每月应补偿低收入家庭不超过

100 kWh电费（冬天每月300 kWh）。通过电视和广播进行公众知识宣传活动，解释烹饪和取暖设备造成的空气污染的危险性。还可以制定激励计划，防止焚烧作物残渣。

▷ 以比目前更快的速度采用欧盟燃料标准。

- 长期规划的变化包括旨在**增加公共交通、微型电动车和自行车的城市设计**。印度应该在铁路方面投资，铁路比公路交通更容易电动化。建筑法规应尽量减少人工加热和冷却。

- 强制通过车载GPS跟踪对城市交通拥堵收费，所收费用用于改善人行道和公共交通。市政府可以通过临时退还汽车使用税来补偿现有的车主和司机。

▶ **社会保护**

印度有400多个独立的社会保障计划。它们中的绝大多数资金不足，做的事情也很少。然而，他们却非常官僚主义。尽管书面上有各种各样的计划，但正如许多抗议活动所表明的那样，人们并没有感觉受到保护。虽然"圣雄甘地国家农村就业保障计划"为农村失地提供了一些支持，但是其他大多数相对贫困的人只能依靠公共分配系统。无论多么低效，政府的计划都很难被废除，原因之一是普遍的不安全感。

在我们向一个更合理的社会保护制度前进时，我们显然需要**建立一个向弱势者提供补偿的可靠渠道**。直接利益转移（DBT）是一个良好的起点，在此基础上，在"补偿弱势"方面，可靠性是关键。具体来说，我们建议：

- 仔细核查这几百个计划，废除其中的大多数，保留少数针对人们面临的最重要的威胁的计划。

- 超越辩论"金钱还是善意"的思路，在实验的基础上采用以**选择为基础**的方式。例如，我们可以给受益人选择的自由，让他们选择现金转账而不是通过公共分配系统给予食物补贴——而不是让政策制定者选择这种或那种方式。随着手机银行普及，以及公共分配系统被POS机数字化，收益变得可携带，这种基于选择的方法是可行的。

- **自动将社会保护计划（比如养老金）与物价挂钩**，以确保其价值不会随着时间的推移而缩水。这一点尤其重要，因为领取社会福利养老金的人是最脆弱的群体之一。

参考文献

Mahendra K. Singh, 2018, Over 2.8 Crore Apply for 90,000 Railway Jobs, *Times of India*, 31 March 2018, https://timesofindia.indiatimes.com/india/over-2-8-croreapply-for-90000-railways-jobs/articleshow/63551672.Cms.

第 1 章

医疗保健

WHAT THE
ECONOMY
NEEDS NOW

问　　题

1. 新出台的阿什曼·巴拉特计划，是由政府出资的全民保险计划。它实施较为困难，因为政府必须决定病人接受哪种治疗以及治疗的费用，并解决随之而来的纠纷。政府目前不具备做这些决定的能力，并且法院系统很难应对大量的诉讼请求。

2. 印度面临糖尿病和癌症等非传染性疾病激增的问题；医疗从业者缺乏资质且没有问责制度约束，会导致抗生素耐药性问题更普遍。

3. 特别是在北印度地区，病人需要初级医疗服务时，倾向于找缺乏资质的或者不正规的私立医疗服务提供者。部分原因是公立初级医疗中心人员不足，设备短缺。

4. 公立医院和社区卫生中心普遍人满为患、资源不足——病人只能来这些机构就医，因为私立二级和三级医疗收费昂贵。

关于医疗卫生

阿比吉特·班纳吉

（Abhijit Banerjee）

医疗卫生界最大的新闻是总理扬·阿罗吉亚·约哈纳计划（Pradhan Mantri Jan Arogya Yojuna, PMJAY），又称阿什曼·巴拉特计划。该计划是政府出资的全民保险计划，主要覆盖医院治疗费用。该计划受益人群广；如果我们合理执行，它将保护居民免受严重疾病或事故带来的破坏性经济后果的影响。

该计划问题在于执行难度大。欺诈现象频发导致拉贾斯坦邦的国家健康保险计划（Rashtriya Swasthya Bima Yojana, RSBY）——上一个政府出资的保险计划——破产。这些问题尚未得到明确具体的解决，所以现行方案也存在陷入困境的风险。

特别是，该模型对信任模型的依赖意味着政府而不是保险公司必须裁决关于价格和治疗合理性的主张。例如，政府必须为每项治疗服务设定合理的价格（针对该地区），并根据每位病人的具体情况列出治疗清单。换句话说，我们需要一份完整的目录，详细说明如果有人因胸痛被送进医院，医院的治疗措施以及治疗费用如何。例如，对某位具体病人，信托机构会为他支付支架费用（便宜）还是搭桥费用（昂贵）？在每种情况下，它会支付多少钱？

另一个问题是，当有初步证据表明医院进行了不必要的手术或作了错误诊断时，应该怎么办？或者有人声称患者被迫为本应免费的治疗支付额外费用时，该怎么办？病人知道哪些是他能享受的权利，哪些超出了范围吗？考虑到通常两种情况都没有确凿证据——病人要求使用了政府不付费的治疗或是病人被强加了费用——如何解决纠纷呢？依靠我们已超负荷运转的法院系统行不通，除非特别严重的案件，所以未来必须基于来自系统外的威胁来解决。但是，并非所有有争议的主张都不合法。因此，有些需要做出裁决，否则合法的医院将不愿意加入该计划。但是谁来做这个裁决呢？

在美国，在奥巴马医疗体系下，纠纷由医疗知识和医疗费用知识丰富的专业人员裁决，并且因此可以发现体系中不合理的模式，同时对模糊的主张情况给出可靠的说法。到目前为止，印度当局似乎还没有意识到这个问题，并且没有计划雇用大量专业人员来运营保险计划（确实完全不知道从哪里雇用这些专业人员）。有一个想法是医院雇用阿什曼米特拉[1]引导病人使用医疗体系，但是尚不清楚他们是否有合适的动机（毕竟他们本身是医院雇员）以及所需的技能。

然而，即使计划最终进展顺利——我们当然希望如此——但也不清楚计划能否解决我们面临的主要健康问题。尽管最近有所改善，我们仍然是世界上营养不良人数最多的经济体。我们还面临着非传染性疾病激增的问题，例如糖尿病、高血压和癌症——部分是因为老龄化，部分是由于我们许多城市有毒的环境，部分是由于各种生活方式问题（例如，缺乏运动、不良饮食、吸烟和酗酒）。最后，我们面临着越来越高的、主要由滥用抗生素导致的抗生素耐药性。

解决这些问题显而易见的方法是，利用人们与医疗保健系统的主要接触点——当他们认为自己有轻微不舒服时常去看的医生。就是这位医生，可以发现患者所有的健康问题，快速检查他们的血红蛋白、血压和血糖，或者测量

1　阿什曼米特拉（Ayushman Mitras）是经过认证的一线卫生服务专业人员，是病人的第一直接接触人。每个政府指定医疗保健场所都应有阿什曼米特拉。——译者注

孩子的身高和体重，并鼓励病人采取必要的措施。他与患者通常接触密切，能够确认患者是否遵医嘱、采取了建议措施（或者他或她是否继续服用药物）；若没有采取措施，则给他们施加压力。他们还可以传达有用的公共卫生信息，例如穿凉鞋、为儿童接种疫苗以及不在封闭环境中做饭的重要性。

我们的大问题在这里。阿什曼·巴拉特计划对初级医疗卫生作用很小。政府宣布将建立15万个健康与保健中心，部分为解决初级医疗问题，包括非传染性疾病。但是，鉴于每个中心的预算拨款少于10万卢比，该计划更像现有子中心和/或初级医疗中心[1]的较小升级。过去，一些邦曾尝试类似的，甚至更雄心勃勃的计划，包括提供一些免费药品。但是，大多数情况是，大量医疗机构退出公共医疗体系，且这种趋势不可逆转，尤其在印度北部。

现在，大量机构的文件记录表明，在许多邦，去初级医疗中心就诊的患者，四分之三以上选择私立医疗服务提供

---

[1] 在印度农村地区，公立医疗体系划分为三级：在5 000人左右的平原和3 000人左右的丘陵地区／难以到达地区／部落设立子中心，30 000人左右的平原地区和2 000人左右的丘陵／难以到达地区／部落设立初级医疗中心，120 000人的平原或80 000人的丘陵等地区设社区医疗中心。——译者注

者，尽管这些机构中大多数没有任何医疗资质。该现象的部分原因是子中心间断性开放及开放时间不可预测，加上初级医疗中心经常紧缺医生和护士。在某种程度上，这也可能反映了公立医院医生的懒散态度。达斯等人2016年的报告表明，公立医院医生虽然资质高，但与病人相处时间少，也没有充分利用他们的高级培训——除了当他们作为私人医生时，他们的表现要好得多。对这些子中心和公立医疗中心的小规模投资似乎不太可能解决所有这些问题。患者可能会继续远离子中心和公立医疗中心，因此作为非传染性疾病和其他公共卫生干预措施的根据地，它们的潜力可能有限。

一个明显的解决办法是利用那些有机会接触病人群体的非正式医生。当然应该承认，他们有可能危害公共健康，特别因为他们滥用抗生素和类固醇，加剧了抗药性。

然而，针对这种现象，当局解决的政策主要是宣布这些非正式医生不合法，然后忽略他们的存在。这基本上剥夺了我们应对所面临的严重健康问题的主要工具。我们需要想办法把他们更好地整合到整个医疗卫生系统中，让他们有更好的动机。如果他们有不愿失去的东西，动机这点就好实现了。基于此，我们建议采取以下步骤：

1. **认可并培训非正式医疗服务提供者。**在西孟加拉邦进行的一项随机对照试验（于2016年在《科学》上发表）显示，对私营部门的非正式医疗服务提供者进行培训可以显著提高其工作表现（通过向他们提供"假"患者来考核）。据此，西孟加拉邦已经开始培训成千上万的非正式医疗服务提供者。

2. **制定一套手机上可查看的治疗方案清单，供医师使用，**来应对一些他们面临的常见症状。这与阿图尔·加万德为美国提出的建议相似（但更基本）。

3. **开发一个简单的测试，政府通过测试认证这些医师为卫生推广工作者。**通过这项测试后，他们能提供各种公共卫生干预措施，并可能因参与考试而获得报酬。并且有证据表明，患者懂得认证的价值，并更信任有认证的医师。

4. **认可那些被认证为预防非传染性疾病和营养不良的一线人员的人。**想办法奖励那些因将病人转诊而发现重大疾病的医师。

5. **执行现有法律，医师不能开高效抗生素和类固醇。**这包括关闭那些违反有关谁能开药的现行法律的商店。同时，法律应允许非正式医生像护士一样开一系列不重要的药物。

6. **增加内外全科医学学士和受过正规训练的护士的数量，并且考虑为医疗体系中从事一定范围工作的人员引入另外的中级学位。**这是我们独立前的模式，该模式被其他很多国家采用。

此外，尚不清楚在阿什曼·巴拉特计划内，政府是否应该完全依赖私营部门提供三级医疗。在美国，关于治疗费用是否合理的冲突和私立医院医生欺诈的指控纠纷非常普遍。已有医疗部门对印度政府建议的价格不满，这可能会导致许多医院选择退出计划，和其他医院选择性地拒绝提供某些治疗（即使这种做法违反规定）。考虑到上述这些问题，公共医疗服务部门作为另一种选择，让政府在需要时有谈判的权利。事实证明，公共卫生系统的上层——地区医院和社区卫生中心（CHCs）——比初级医疗中心和子中心使用率更高。确实，病人经常从医院病房涌向走廊和公共区域。从初级保健方面来说，造成这种差别的原因是，私营初级医疗中心价格低（病人可能不知道质量有多低），私营二级和三级护理价格昂贵。但另一个原因是患者能享受到医疗服务——这些医院位于县行政中心和较大的城镇，与乡村的子中心和公立医疗中心相比，更容易保证医生和护士确实到岗。

"总理扬·阿罗吉亚·约哈纳计划"可能会减轻这些公立医院的压力。然而，根据我们上一段已列出的原因，政府同时改善公共二级和三级医疗服务是有道理的。鉴于病人在公立医院看病的费用可以通过"总理扬·阿罗吉亚·约哈纳计划"报销，公立医院与私立医院相比更有优势，现在扩展政府系统的这部分职能是很自然的。因此，我们建议，针对二级医疗和三级医疗：

- **在邦首府之外的每个县行政中心建立第二所县医院。**一旦新医院建立和运营，立即对现有的县医院进行翻新和现代化改造，让现有医院达到可接受的标准。

最后，除非我们能让顾客要求医院提供更好的医疗服务（害怕抗生素、要求做检查等等），否则很难大幅度提高医疗水平。提高医疗水平必须成为所有政府的一个重点。我们最后建议：

- **开展公共卫生运动，提高公众对非传染性疾病、免疫接种和用药过量危害的认识。**最近的证据表明，娱乐性教育在这方面可能是非常强大的工具。

参考文献

Abhijit Chowdhury, Jishnu Das, Rashmaan Hussain, and Abhijit Banerjee, 2016, The Impact of Training Informal Health Care Providers in India: A Randomized Controlled Trial, *Science*, 354(6308).

Jishnu Das, Alaka Holla, Aakash Mohpal, and Karthik Muralidharan, 2016, Quality and Accountability in Health Care Delivery: Audit-Study Evidence from Primary Care in India, *American Economic Review*, 106(12).

第 2 章

基础设施

WHAT THE
ECONOMY
NEEDS NOW

问　　题

1. 为实现快速经济增长，印度需要更好更完善的基础设施——发电厂、高速公路和城市设施；但印度对基础设施建设的投资不够。

2. 税收和其他形式的政府收入可以提供部分资金，但是大部分资金必须来自私营部门。不幸的是，现在私营部门对基础设施这类风险大的投资并不热心。银行也不愿借钱。

3. 此前，印度试图让私营部门参与基础设施建设，例如通过 PPP（公私伙伴关系）模式，后来该尝试遭遇困难——有时私营合作者要求获得更有利的合作条款，其他时候政府审批很慢，工程停滞。

4. 政府必须在基础设施建设的需求、有限的资金和与私营部门合作的高难度之间找到平衡。政府如何做到平衡？

基础设施建设缓慢：
担忧和主要步骤[1]

普兰久·班达里

（Pranjul Bhandari）

众所周知，印度的投资赤字严重。投资率自2011—2012年高点以来，下降了约6个百分点。据亚洲开发银行估计，接下来的5年，当前投资水平与每年所需的投资水平间的差距约为GDP的4%（1 120亿美元）[2]。亚洲投资银行进一步预测，印度通过公共财政改革可创造额外收入，缩小投资水平之间大约40%的差距。填补剩余60%左右差距的资金必须来自私营部门。

为帮助刺激私营部门投资，政府一方面要增加基础设

---

1 作者感谢内尔坎特·米什拉提供的有用的讨论和建议。

2 见https://www.adb.org/sites/default/files/publication/227496/special-report-infrastructure.pdf。

施投入，同时维护宏观经济稳定——换句话说，一方面要密切关注财政赤字和通货膨胀——另一方面还要加速解决项目停滞的问题，（通过公私伙伴关系）与私营投资者合作。政府也可通过发展企业债券市场，可持续地为基础设施建设融资。以下是一些一般性和针对特定部门的建议。

保持宏观经济稳定

保持宏观经济有序，是创造一个有利于扩大投资的环境的首要条件。

- **财政整顿**是必要的。它能维持私营投资者的低借贷费用，保证国家有健康的储蓄存量转化为投资[1]。

- **低通货膨胀**确保投资者有稳定回报——他们能更清楚地知道投资得到什么回报。

- 政策的不确定性是投资的一大障碍。**表述清晰的政策决定**带来确定性并最大限度地减少意外，这对增加和繁荣私营部门投资是必要的。

1　见本书普拉奇·米什拉在《负责任的增长：印度前进的道路》（*Responsible Growth: Way forward for India*）中的笔记，以讨论解决公共债务和财政赤字的可持续途径。

018 经济发展需要什么
What the Economy Needs Now

改革公共财政

虽然政府需增加对基础设施的支出，但仍要以对财政负责的方式进行，以维持支出的可持续性。我们的建议如下：

- 在坚持财政下滑路径的前提下，将**政府支出**从经常支出，例如用于工资和薪金的支出（目前占 GDP 的 11.4%）**转换**到资本（占 GDP 的 1.6%）。为真正需要补贴的人提供补贴同时清除遗留开支计划，减少经常支出。

- 消除商品和服务税结构中的扭曲，取消豁免，**增加收入**。

- **互换资产**，例如：出售额外资产，从公共部门撤资，将政府土地资产货币化，所得资金用于投资新基础设施项目。通过出售/拍卖棕地资产，**回收资本**并将所得资金用于绿色基础设施建设[1]。

- **寻求其他创新**，包括**土地价值捕获**。当财产和土地

---

1 这种情况已经发生在道路项目中，政府将已完工的道路转移给私营部门（"收费-运营-转移"模式），并使用资源建设新道路（"工程-采购-建设"模式）。已完成的项目可以出售给拥有长期负债但风险偏好有限的国内外机构投资者。

价值因为公共基础设施提升增值，政府可通过土地相关税收或者其他方式收取增值费用，为基础设施提升提供资金。[1]

- 设立基础设施服务的**使用者费**，同时更加关注成本回收。

整顿停滞的项目

2011 年后，印度的停滞项目存量大幅上升[2]。尽管它们从高位回落了一个档次，但私营资本支出项目的"过时率"仍然较高（分别为 24% 和 13% 的长期平均水平）。整顿这些项目是新的私营部门资本支出的重要推动力。

三分之一的停滞项目都是政府的政策问题造成的[3]。针

1　海德拉巴地铁（Hyderabad Merro）项目也尝试了这种方法。政府将毗连的土地出租给拉森和图布罗（Larsen and Toubro, L&T）进行商业活动，租期为 60 年。可以学习日本、韩国和中国在这方面的经验。

2　该数据来自印度经济监测中心（CMIE）的资本支出数据库。失速率定义为项目停滞在执行中的项目的百分比。

3　其余的是由于市场状况等原因造成的。我们发现，双重资产负债表问题、全球增长疲软、政策不确定性增加以及未来预期回报降低，在很大程度上解释了资本支出放缓的现象（见 Pranjul Bhandari and Dhiraj Nim, "India's Investment Challenges: What Can Go Right"（《印度投资挑战：什么可以做对》），汇丰银行全球研究）。

对造成政策相关项目停滞的三方面主要原因，我们提供的
解决办法如下：

- **土地征收**：因为2013年《土地征收、恢复和安置法案》[Land Aquisition、Rehabilitation and Resettlement（LARR）Act]的颁布，一些邦探索了不触及《土地征收、恢复和安置法案》的新模式，为基础设施建设获取土地。例如，安德拉邦率先在绿地邦首府阿马拉瓦蒂（Amaravati）建立了"土地集中"模式。该地区25 000名农民自愿集中了33 000英亩[1]土地。邦通过给他们另一种方式的补偿——在该例中，邦在其他所有福利中选择给他们一块已开发的土地——从而使他们成为项目成功的直接利益相关者。我们建议鼓励这种激励相容模式，并将它写入法律[2]。

- **环境许可**：新一届政府应考虑加强环境监管的体制架构，以确保更高的透明度，并使决策直接由数据驱动。我们建议建立一个独立、专业的环境监管机

---

1 约13 354.6公顷。——编者注
2 详细的谈论，见本书中玛伊特里什·加塔克的文章《土地市场改革》。

构，并配有足够的手段和专业知识来评估项目并监
督合规性[1]。

- **原材料供应**：缺乏从矿场直接获得煤炭的途径——
即煤炭连接（coal linkage）——仍然是与政策有关
的停滞的最大原因。印度需要加快实施新煤炭开采
政策（包括商业采矿者）。

振兴公私伙伴关系

大家普遍认识到，建立良好的公私伙伴关系模型至关
重要，并且过去二十年关于公私伙伴关系的实践提供了宝
贵经验教训。我们认为，现在是时候重新审视印度公私伙
伴关系的管理和体制架构了。我们的建议是：

- 运营一个**顶级国家级实体**来负责机构能力建设，并
对印度公私伙伴关系进行研究和分析（即"公私合
营机构"或"3PI"）[2]。

---

1 这样一个实体的详细蓝图——国家环境评估和监测局（NEAMA）——
是在2011年建立起来的。2015年，最高法院多次要求政府建立这样的权威
机构。

2 凯尔卡委员会（The Kelkar Committee）强烈支持"3PI"，"3PI"除了作为公
私伙伴关系的优秀中心，还能进行研究、审查，开展活动以增进职能，（转下页）

- 建立**行业监管机构**和"最佳实践"设计原则（治理、专业知识、流程等）。

- 概述公私伙伴关系合同中**风险分配**的主要原则；建立**特殊目的实体金融监管**的清晰标准（从政府审计转为商业审计，目前根据《信息权法》和《宪法》第十二条，政府审计信息公开可查询）；总结**重新进行协议谈判的清晰标准**；实施强大而灵活的争议解决机制。

一些针对特定行业的建议

- **铁路**：开始逐步放开铁路。建立一个独立的监管机构，该机构有能力决定票价和货物关税税率、监管公平准入、发放许可和确定技术标准。将运营与基础设施建设分开[1]。

（接上页）支持更细致和复杂的合同和争端补救机制模型。见 V. Kelkar 博士主持的"回顾与重振基础设施公私伙伴关系模式委员会"的报告，http : //pib.nic.in/newsite/PrintRelease.aspx ? relid=133954。

1 这些建议与比贝克·德布罗伊（Bibek Debroy）委员会的报告一致。参见《重大铁路项目资源调集和铁道部、铁路局改组委员会报告》http : //www.indianrailways.gov.in/railwayboard/uploads/directorate/HLSRC/FINAL_FILE_Final.pdf.

- **公路**：鉴于需要修建或升级的公路和高速公路数量庞大，我们需要让不同的模式共存。目前最受欢迎的是收费运营转移和混合年金模型（HAM）。一个行业监管机构（在上一部分讨论过）需要为不同模型下的最佳组合提供建议[1]。

- **电力**：印度仍需要更多的电，这意味着邦电力委员会（SEBs）需要采取比目前更有力的改革措施。[2] 此外，随着可再生能源在发电中所占比重越来越大，输电电网需重新设计[3]。

- **城市基础设施**：可能需要激励邦政府赋予市政机构更多的自由。第14届金融委员会为市政机构预留了额外的资金，并且随着时间的推移可以进一步增加资金金额。印度国家研究院的职能角色可被扩充，增加向城市传播最佳实践原则的任务。

1　在最近订单激增的情况下，许多资产负债状况不佳的公司赢得了订单。他们可能不容易实现财务收尾，因此，特定路段的道路项目可能会受阻。

2　更多信息，见本书中普拉奇·米什拉的文章《负责任的增长：印度前进的道路》。

3　更多信息，见本书中内尔坎特·米什拉的文章《能源改革》。

发展企业债券市场

尽管银行仍将是重要的投资融资工具，但与长期项目贷款相关的资本需求增加（如巴塞尔协议 Ⅲ ）和固有的到期错配，意味着债券融资必须扮演更重要的角色，以补充银行职能[1]。

---

[1] 关于发展公司债券市场所需的步骤的具体讨论，见本书中埃斯瓦尔·普拉萨德的文章《金融业发展和改革》。

解 决 方 案

1. 印度政府必须确保印度经济看起来发展良好且稳定——通货膨胀率低、监管有力、政策稳定。

2. 过去，由于政府审批速度缓慢或缺乏原材料，一些项目陷入了困境，要确保这种情况不再发生。

3. 不放弃公私伙伴关系。相反，应提高政府部门管理这些伙伴关系的能力，让这些新的监管机构拥有独立性、资金、专业知识和权力。

4. 寻找除银行外的其他途径，将家庭储蓄引导到基础设施领域。一种方法是建立一个公司债务市场或债券市场。

第 3 章

———————

印度与世界

WHAT THE
ECONOMY
NEEDS NOW

问　　题

1. 印度的经常项目赤字——进口比出口多多少——对国际原油价格十分敏感。当油价过高时,经常项目赤字就会过高;当油价下降时,经常项目赤字就会看起来可控。

2. 印度生产商并没有特别明显的竞争力——这意味着,即使不考虑石油和黄金的进口,出口的增长也远低于进口。

3. 所有经常项目赤字都必须通过经济体的资本流入来偿还。为确保稳定,这些流入应该像外国直接投资一样长期流动,可印度却过于依赖短期的"热钱"。

4. 当一个国家的出口少于进口时,货币会贬值或失去价值。但是卢比的贬值是漫长而大规模的,加上随之而来的高经常项目赤字,也将引发人们对宏观经济不稳定的担忧。

降低对外部门的风险

萨吉德·奇诺伊

（Sajjid Z. Chinoy）

摘要

2018年末原油价格大幅度下降，印度对外部门压力骤减。但是我们仍需对潜在的断层线保持警惕。2018年的大部分时间里，印度的国际收支存在压力，这表明：（1）印度的外部收支平衡对全球原油价格的剧烈波动非常敏感，在原油价格变动的刺激下，对外部门形成了"繁荣-萧条"周期；（2）基础（非石油、非黄金）经常账户余额近年来急剧恶化并且加剧了压力；（3）过度依赖不稳定资本流动为经常项目赤字提供资金的情况仍然存在。

因此，政策重点必须是：将经常项目赤字缩小到更可持续的水平（即使原油价格再次加速上涨），并广泛减小对外部门的风险。这需要：（1）缩小综合财政赤字（因为最近的经常

项目赤字增加只反映出了高公共储蓄率背景之下初期投资的
复苏）；（2）（通过基础设施、要素市场改革、提高中小企业的
生存能力）提高贸易部门竞争力，以提高非石油、非黄金经
常账户余额；（3）建立体制框架，系统对冲原油价格剧烈波
动，帮助减轻对外部门和财政风险；（4）继续致力于创造有利
的国际环境（监管，税收，经商便利），更稳定地吸引资本流
入（例如，外国直接投资和被动债权流入），以便经常项目赤
字可以吸收更多这样的资本流入，减少动荡或顺周期流动。

背景与挑战

- 在2018年的大部分时间里，印度的外部失衡扩大到
  了似乎不可持续的水平，特别是在以一些发达经济
  体的金融问题持续正常化为特征的日益艰难的全球
  经济下行的背景下。

- 印度的经常项目赤字在2018—2019年上半年扩大至
  GDP的2.7%，而去年同期为1.9%，如果油价继续维
  持在平均每桶75美元，在下半年经常项目赤字将接近
  GDP的3%。

- 原油价格暴跌让对外部门压力骤减。但这并不能掩
  盖潜在的压力：三年时间内，印度的基础（非石

油、非黄金）经常账户余额已经下降了GDP的近
3%，表明印度的基本竞争力减弱。

- 在资本账户上，上半年（财年），投资组合外
流——由全球金融状况趋紧所致——导致净资本流
入显著放缓。

- 经常项目赤字扩大和资本流入的大幅度放缓的叠加，
意味着上半年经济出现了显著的国际收支逆差。

- 这导致外汇储备不断减少和卢比持续贬值的压力。虽
然一定程度的卢比贬值是对负面贸易冲击的必然与最
佳反应（源于较高的原油价格），持续不断的、大幅
的卢比贬值会造成以下两方面风险：（1）产生自我实
现的压力；（2）引发金融和宏观经济不稳定问题。

需要做什么？

尽管最近原油价格下降缓解了压力，但是我们需要通
过以下几种方法多管齐下，从根本上消除国际收支压力：
（1）控制经常项目赤字；（2）降低经常项目赤字对全球原
油价格波动的敏感性；（3）改善资本流入的质量，使得较
大部分经常项目赤字可以由稳定的资本来支付；（4）通过
双边和多边互换协议继续增加外汇储备或缓冲。

▶ **经常账户措施**

将经常项目赤字缩小到更可持续的水平是我们必须采取的一项关键政策。过去十年的经验表明当经常项目赤字在国内生产总值的1.5%—2.5%的范围内时，可以主要通过稳定的资本流入（国外直接投资和非定居印度人存款）支付，从而最大限度地减小对不稳定或顺周期资金的依赖。减少经常项目赤字可能需要：

- **降低综合财政赤字，当前赤字仍接近GDP的6.5%。** 在这些水平上，印度的综合财政赤字在新兴市场里仍然是一个异常值。尽管联邦政府一直在稳步减少财政赤字，在过去五年，邦赤字增加了一倍，因此很大程度上抵消了中央政府的整顿工作（见图1）。经常项目赤字仅仅只是经济中投资和储蓄的差距。因此，经常项目赤字的唯一表现是在公共储蓄率高的背景下，国内投资开始回升，换句话说，综合财政赤字很高。因此，在无须减少投资或私人消费（从而增加私人储蓄）的情况下，综合财政赤字降得越低，就可以越大程度上压缩经常项目赤字。为实现这点：

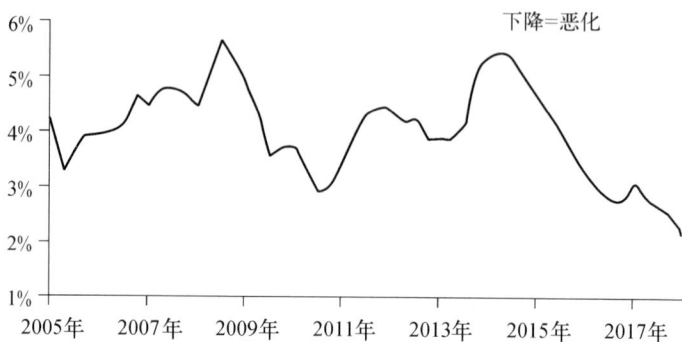

图1 印度的基本经常项目盈余（不包括石油和黄金）（四季度平均移动，占GDP的百分比）

数据来源：印度央行，JP摩根计算。

▷ 中央必须认真遵循"财政责任和预算管理"委员会制定的财政路线，到2022—2023年将赤字降至GDP的2.5%。

▷ 必须通过邦财政运作的内在改变国家财政运作的激励机制，促进邦更好地达到预期效果，以此控制邦财政赤字。第15届财政委员会（The 15th Finance Commission）也许应该考虑（1）设计他们的横向分配公式，以鼓励各邦有动机在财政上保持审慎;（2）建议采取监管干预措施，确保邦借贷成本与基础财政状况相关。

● **提高贸易部门的竞争力。**对外部门压力的一个主要来源是基本（非石油、非黄金）经常账户的急剧恶化（在过去三年基本占GDP的3%），表明基本竞争力在减弱（见图2）。为提高贸易（出口和进口竞争）部门的竞争力，政策制定者必须：

▷ 继续将基础设施建设（特别是交通运输和港口基础设施）的建设规模扩大一倍，并继续进行要素市场改革（土地、劳动力、金融部门），以提高效率、降低成本和提高可交易部门的竞争力[1]。也

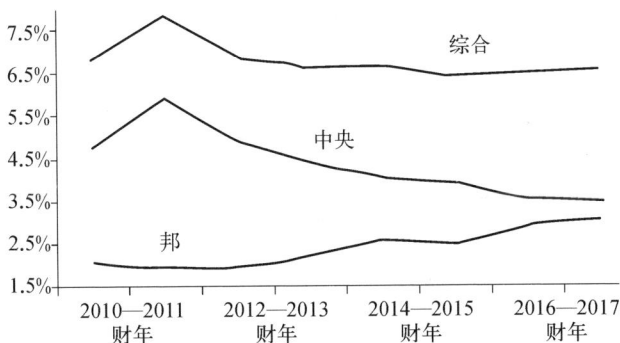

图2　印度财政赤字（占GDP的百分比）

数据来源：印度央行。

1　见普兰久·班达里的文章《基础设施建设缓慢》。在本卷中，对基础设施部门的前景和制约因素进行了更全面的讨论；以及吉塔·戈皮纳特和阿玛蒂亚·拉希里的《印度的出口》中促进印度出口的政策举措。

许可以首先在特别出口区尝试这些要素市场改革
（土地、劳动力），以减小政治经济挑战。

▷ 提高中小型企业（关键的劳动密集型企业，出口和
进口竞争部门）的生存能力，并为中小型企业实
现规模经济创造有利环境（例如，放宽劳动法）。

▷ 通过降低中间进口商品关税，使之与最终商品关
税一致，解决多个部门的关税倒置问题。

▷ 制定一项总体战略，通过取消不利于规模经济
的出口管制和存量限制（《基本商品法》），挖掘
（相当大的）未开发的农产品出口潜力。

▷ 政策必须灵活，并且随时准备快速促进对中国的
主要农产品出口（棉花、大豆、玉米），以利用
中国对美国农产品的关税。

● 通过建立系统对冲原油价格的体制框架，使经济免
受原油价格的剧烈波动影响。

▷ 当原油价格波动时，印度对石油进口的严重依赖
会导致国际收支平衡表的"繁荣-萧条"周期。
例如，2016—2017年，当原油价格下跌时，经
常项目赤字跌至GDP的0.7%，并且当2018年原
油价格回升时，经常项目赤字达到GDP的3%。

这导致在第一种情况下国际收支出现很大盈余，在第二种情况下出现巨额债务。这些剧烈的波动使货币、汇率和流动性管理复杂化，并造成不必要的外部和财政波动（因为不断变化的油价也改变了财政计算）。

▷ 政策制定者应该效仿其他一些经济体已开始的行动，通过实施对冲全球原油价格的系统计划来平稳这种波动。这将大大减少对外部门的不确定性，也可以使预算预测更具有确定性。但是，这样做需要建立一个透明、制度化的框架，以系统地对冲国际原油价格，达到预期目标。

▷ 对冲原油价格并不是质疑市场未来走向；相反，是为了减轻风险和避免"繁荣-萧条"周期。政府有效地利用了消费税的变化来确保在石油暴利时，公共部门和私营部门公平地分担压力。对冲原油价格可以确保降低贸易冲击条款的不确定性和波动性。

▷ 另外，必须称赞当局放宽了油品零售价格；必须坚持这一点，因为对价格变化的数量响应可以作为经常项目赤字的自动稳定器。

▶ 资本账户措施与增加外汇储备

- 除了控制和平稳经常项目赤字外，还必须努力吸引更稳定的资本流入，以使任何给定的经常项目赤字都由稳定的流入增加融资，而不依赖于不稳定的及顺周期性资本流动（投资组合、贸易信贷或银行资本）。

  ▷ 监管、税收、宽松的业务政策必须结合起来，创造一个更有利的环境，吸引更多的外国直接投资，使外国直接投资流入越来越多地为经常项目赤字提供资金。过去十年，中国对美国出口增长的70%来自在中国进行生产制造的美国公司。外国直接投资流入产生出口，既而同时支持经常账户和资本账户，此外还能促进技术转移、提升生产率。

  ▷ 政策制定者还必须逐步为进入全球债券指数做准备，以便印度最终接收更多"被动"债务流入，这些债务流入的黏性更大，对全球情绪变化敏感度较小。

- 除了不限制汇率作为政策工具外，**非自然对冲公司**

必须被诱使、激励或被要求对冲任何外币借款，以免造成系统的金融脆弱性积累。

- 决策者必须继续参与更多的双边和多边掉期交易，以增加"有效的"外汇储备并扩大经济的缓冲。

解决方案

1. 中央政府将必须致力于减少财政赤字，并推动各邦减少其财政赤字。当政府的支出超过其收入时，它也会推高经常项目赤字。

2. 可贸易部门（出口商和与进口竞争的印度生产商）都必须更具有竞争力，才能使出口增长速度快于进口，减少经常项目赤字。为此，需要进一步完善基础设施、实施更灵活的土地和劳动法，以及政府关注不断增长的农业出口。

3. 只要印度是一个主要的石油进口国，它就不会完全不受高油价影响。但是，如果有更好的方法来减少由于油价突然变动引起的不确定性，那么至少可以确保减少不稳定性。印度需要成立机构，让企业和政府对冲油价变化。

4. 稳定资本的另一个来源是吸引长期资本流入，例如外国直接投资。这也需要政府让在印度投资变得真正有吸引力。

第 4 章

社会福利改革

WHAT THE
ECONOMY
NEEDS NOW

问　题

1. 印度的社会保障计划或"福利"计划数量非常多，但却不够有效。

2. 由于设计问题和腐败，这些方案通常无法给予预期受益的穷人足够的帮助。

3. 关于现金转账能否有效取代一些计划——例如分配粮食指标的公共分配系统——政客们和活动家们尚未达成共识。

4. 政府在努力寻找资源以实施更合理的福利计划的同时，必须保留旧的福利计划，因为淘汰现有计划会造成政治上的不满——那么，政府如何摆脱这个陷阱？

社 会 保 障

玛伊特里什·加塔克

（Maitreesh Ghatak）

印度社会保障计划有数百个，从住房到食物，从生育津贴和儿童福利到养老金。许多计划没有足够资金，限制了其有效性。虽然各种计划在国内不同地区实施效果不同，但大致来说很多项目都存在问题，降低了它们的影响力。

第一，资格问题。往往许多不该享受福利的人享受了福利（包括失误），然而许多应该享受的人却享受不到（排除错误）。

第二，在发放过程中，存在泄漏、浪费和腐败的问题。

第三，即使执行过程没有问题——如此一来前两个问题不存在——管理这些项目也会消耗大量人力和资源。

第四，其中一些计划涉及补贴，扭曲了资源分配。例如，水和电的补贴无疑会造成环境破坏和供应方问题（地下水位下降和电力中断）。另外这些项目使相对富裕的人比穷人享受了更多福利——因为穷人使用相关物品和服务相对更少。例如，电费补贴让能用上电的人和消耗更多能源的人受益更多。

最后，除了上面提到的发放问题外，补贴或实物转移支付还有一个基本问题——关于受益者具体需要什么，这些福利发放手段没有给他们决定权。

改革社会福利的核心原则应该是：

- 政府将计划大量削减至可管理的数量，所有计划都旨在解决最主要的问题。然而，废除任何计划，无论该计划多么无效，都会伤害一些弱势群体。所以在改革社会保障系统的过程中，必须遵循直接利益转移原则，出台切实的计划补偿因改革而遭受损失的人。

- 通过关注受益人偏好和采取基于选择的方法，在某些具体的福利项目上，超越"现金还是善意"的争论。例如，通过公共分配系统[1]分配食物，我们建议给受益人以现金转账的选项，而不是由政策制定者

1　公共分配系统（PDS）是一个由大型公平价格商店网络组成的系统，用于向印度的穷人分配粮食和基本商品。由中央和州/联邦直辖区政府共同负责运作。——译者注

决定发放方式（例如，公共分配系统和直接利益转移[1]）。穆拉里达兰（Muralidharan）等（2017）对食物的直接利益转移的研究发现受益人的偏好因银行使用的便捷程度而异。例如，如果可以随时使用银行服务，现金转账效果很好，然而对于偏远农村地区情况并非如此。随着手机银行出现，以及e-POS机使公共分配系统实现电子化后，福利领取不再受地点限制，这样基于选择的方式就变得可行了。这将给公共分配系统所有者带来压力，使他们停止将其库存转移到公开市场，并保持他们供应的质量。同时，正如上面提到的关于直接利益转移的研究发现，随着时间推移——物流问题解决了，并且人们也适应了新系统——受益人对直接利益转移的接受度会提高。为了最大程度减少物流问题，应该在一定的最短时间内对实物或现金转账施加一些合理的限制。还有一个家庭权利与个人权利的问题。在公共分配系统下，福利分配是针对家庭的，

1　直接利益转移（DBT）于2013年1月1日启动，通过重新设计现有福利系统，改革政府福利发放系统，更快传递信息和发放福利金，更精准地选择受益人，减少福利重复发放和欺诈行为。——译者注

因此选择现金转移支付，必须经过家人的同意。

- 总的来说，我们倾向于将福利提供方式尽量转变
为统一和全民的现金转账。现金转移减少了实物
转移所涉及的管理成本、腐败和各种扭曲。低收
入和中等收入国家的证据表明，平均而言，向穷
人的现金转账并不会致使他们不愿工作或花钱购
买非必要消费品，这是人们对现金转账普遍关注
的问题。[参见班纳吉等人，2017；埃文斯和波波
娃（Evans and Popova），2014]。然而，随着有
了选择的余地，有可能出现腐败，所以执行计划
的透明度就至关重要。

- 考虑到财政现实，我们主要将考虑范围限制在现有
福利计划的交付形式上，而不是提出新的计划，例
如完善的全民基本收入计划。但是，只要涉及的金
额不要太小，我们不反对采用一般的经家庭入息审
查的现金转移计划（而不是接受普遍或非经入息审
查的现金转移计划）或针对特定人口群体的计划
（例如养老金或产妇福利）。使这个计划有效的关键
是采用自动通胀指数，以确保它们的价值不会随着
时间缩减。这一点特别重要，因为这些计划针对的

是社会中最脆弱的部分。

参考文献

Abhijit V. Banerjee, Rema Hanna, Gabriel E. Kreindler, and Benjamin A. Olken, 2017, Debunking the Stereotype of the Lazy Welfare Recipient: Evidence from Cash Transfer Programs, *The World Bank Research Observer*, 32(2): 155–184.

David K. Evans and Anna Popova, 2017, Cash Transfers and Temptation Goods, Economic Development and Cultural Change, 65(2): 189–221.

Karthik Muralidharan, Paul Niehaus, and Sandip Sukhtankar, 2017, Direct Benefits Transfer in Food: Results from One Year of Process Monitoring in Union Territories, Working Paper, University of California, San Diego.

解 决 方 案

1. 政府应把保证公民选择权放在社会保障制度的中心——例如，家庭应该被给予选择的权利，自行决定他们领取的食物补助是现金还是实物。

2. 只要废除特定社会保障制度的福利改革，都应同时对因为政策变化而受损失的群体进行直接补助。

3. 现金转账通常给受益人更多的控制，并且腐败的可能性更小。

4. 任何新的"基本收入"计划，无论是针对像农民这样的特定群体，还是更普遍的穷人，都必须提供足够的收入，津贴应与通货膨胀挂钩，以随着物价上涨而上升。

第 5 章

土地市场

WHAT THE
ECONOMY
NEEDS NOW

问　　题

1. 工厂和城镇建设需要土地。但是在印度，征地变得非常困难。

2. 农民不仅将土地视为生计来源，而且将其视为收入保障和唯一的财富来源。如果他们失去土地，他们几乎没有技能在其他地方工作和赚钱。

3. 有时候，一块土地的具体归属甚至都并不明确——在印度的许多地方，土地记录零散且有争议。

4. 最近出台的新政策，出发点是让农民能从土地交易中获得更多好处，却给了官员更多权力。新政策需要采取更加本土化和针对农民的方法。政府能做什么来说服农民为建设项目放弃他们的土地？

土地市场改革[1]

玛伊特里什·加塔克

（Maitreesh Ghatak）

因为高额的交易费用，任何需要大量土地的大型项目在印度都难以落地。不仅仅是土地资源缺乏和谈到合适的价格很困难，问题是更深层的：与项目毗邻地区的数千名农民谈判，查阅不完整的土地记录以及法院解决争端的速度非常慢，都成为工业项目和基础设施建设的严重制约。

从农民的角度来看，土地不仅是创收资产，而且是一种安全的持有财富的方式，是保险政策和养老金计划的结合。鉴于他们只有农业技能，如果他们出售土地，他们将没有其他选择，只能以非技术工人的身份工作——在劳动

---

1 该说明借鉴了我与Parikshit Ghosh合著的关于拍卖提议和对《土地征用、恢复与安置法案》的批评的文章。

力过剩的经济中这不是有吸引力的选择。因此，土地的真实价格比目前的市场价格要高得多。这与工业或农业的相对盈利能力或土地的实际稀缺无关。相反，这是良好的保险机制和金融工具的匮乏，以及人力资本水平低下所致，所有这些因素使农民从事其他职业的代价巨大。

　　土地供应是一个普遍的问题，对私营部门和公营部门都有影响。对公营部门来说，政府有利用《土地征收法》的法律条款的选择。在这种情况下，2013 年《土地征用、恢复与安置法案》以及随后的 2015 年法令中最明显的缺陷是在决定一块土地价格时，采用了集中和官僚的方法。补偿公式武断，基于低估的价值和历史数据，不能反映启动大型工业或基础设施项目后土地的实际价值。像《土地征用、恢复与安置法案》将市场价格乘以 2 或者 4 的做法，是完全没有根据的，并不能保证准确。不要依赖政客、官员和专家组来给重要的自然资源如土地、矿产、天然气和无线电波标价——最好的情况是瞎猜，最坏的情况会导致腐败——给稀缺资源标价最好是依赖市场机制。

　　下面我们将提出一些具体建议。

拍卖土地

　　政府应该通过拍卖购买一些项目所在地以及周边的土

地。可以要求该地区全部的土地所有者提出土地要价，进而选择最便宜的要价。部分项目土地将在拍卖会上成交。余下的土地所有者可获得剩下的项目选址周边的土地作为补偿，而非现金补偿。通过对项目所在地及周边的土地进行拍卖，让政府征得比所需更多的土地，并且可以让农民选择现金或是周边的土地作为补偿，而不是只有现金一个选项，这样农民满意的概率更大。这种做法也更可能通过实现土地利用经济价值最大化而促成项目[1]。

最近有一项调查，调查对象为辛格地区土地被征收的家庭。调查提供了土地估价对土地所有者的异质性及其在反对土地收购中发挥的重要作用的证据。[加塔克（Ghatak）等，2013]邦政府提供的补偿大致与土地所有者提供的市场报价相等。然而，这些所有者中有三分之一拒绝赔偿并反对征地，造成这种情况的部分原因是补偿要约没有考虑与各个地块的市场价值相关的信息，例如灌溉系

1　具体细节，参见Maitreesh Ghatak 和 Parikshit Ghosh 的文章：《土地征收法案：批评与建议》["The Land Acquisition Bill: A Critique and a Proposal", *Economic and Political Weekly of India*，2001，46（41）]；更短版本的是Maitreesh Ghatak 和 Parikshit Ghosh 的文章：《赋权，而不是资助农民》("Empower, Don't Patronize the Farmer"，*India Express*，2015.3.30）。

统、多种作物状态，或邻近公共交通设施。上面提到的被征地的辛格家庭的调查发现，这是造成多作物地块所有者补偿不足的一个重要原因。如果补偿基于拍卖中土地所有者的要价，这些问题完全可以避免。

这种以拍卖为基础的方法可以在许多方向上拓展，也可将拍卖延伸成多阶段来决定工厂的选址。在第一阶段，相关行业或政府可以设定一个保守价格和最少土地需求量。可以要求不同社区为在自己社区选址竞标。标价可以定为：拍卖者从区域中别的工地所有者那里购买必要面积的土地所需的最低价格（由当地拍卖机构提议）。

这个方法可一石二鸟。首先，它不是通过政府命令来确定公平价格，而是通过竞争性招标这个具有参与性的过程来确定，农民有权利提出自己的价格并选择补偿形式（现金或土地）。其次，它通过将剩余的耕地重新分配给那些在此类资产上具有最高经济价值的人，来填补该地区缺失或不完善的土地市场。

印度政府在以采购拍卖的方式与私人承包商进行公共项目交易方面具有丰富的经验。近来，在几个国家，拍卖被证明是非常有效的，尽管这几个国家的拍卖针对的是更加高科技的分配像频谱许可。拍卖还被印度食品公司

（Food Cooperation of India）广泛用于谷物食品的采购以及私人批发贸易。因此，现阶段我们具备进行征地拍卖所需的丰富行政专业知识。但是，将权责下放给当地的村务委员会，在其辖区内进行拍卖，将有助于使邦或国家政府自上而下对当地社区强行征地的感觉最小化。在这种情况下，村务委员会的领导必须接受官员培训（或协助）才能进行此类拍卖。但这将帮助他们掌握必要的技能，使村务委员会人员在各自领域的业务发展中发挥更积极的作用。

如果任务是要从遍布全国的广阔农业土地中获得1 000英亩（约404.7公顷——译者注）的土地，那么通过拍卖来进行这项工作将是最便宜、最有效且争议最小的。眼前的问题更具限制性——收购必须是特定的数千英亩连续土地。我们认为，只需稍作修改，就可以将基本相同的原理应用于这个更具限制性的问题。

提供其他形式的补偿

辛格调查指出稳定收入是放弃土地时的一项重要考虑。土地所有权与务农技巧相关联，务农技巧是不能转移到其他职业的。居民表现出其他补偿的极大的兴趣，这种补偿考虑了他们对财务安全、时间偏好和技能模式的担忧。这些担忧表现出很大差异，相应的对其他补偿方式的偏好也有差异。因此，不能只提供一次性现金补偿，其他补偿方式也应该列出。

在这种情况下，值得一提的是在安得拉邦尝试的土地共享计划。它不提供征地的货币补偿，而是今天征用村庄的一块土地，未来补偿一块城市的已开发土地。例如，每征收一块肥沃的土地，该邦将返还未来城市已开发面积的25%的土地。这解决了前面提到的一些问题——这些问题使农民不愿放弃土地，也减轻了希望从涨价中受益的坚持不出售的动机。

根据该计划，根据土地的性质和用途，也可能会提供一次性和/或年度（10年内）现金补偿的可能性。进行农业用地的公共工作，不需要征得受征地影响的全部家庭中70%的家庭的同意。例如，进行征地并且转移的条款可以与单个土地所有者协商。

然而，这个计划有一些问题。因为生活开支随着工业发展和城市化急剧上升，一些农民后悔转让了土地。同时，项目延迟或者取消的风险也是存在的，在这种情况下土地交换也会落空。

加快数字印度土地记录现代化计划

数字印度土地记录现代化计划（Digital India Land

Records Modernisation Programme, DILRMP），将土地记录电脑化并且朝着有政府保证名义的系统发展。这项努力进展慢且各邦之间不平衡。减少土地的错配和提高获得借贷的概率很重要。应该参考来自邦一级的倡议，比如卡纳塔克邦的土地项目，2016年《拉贾斯坦邦城市土地（业权证书）法》[*Rajastan Urban Land (Catification of Titles) Act*] 以及使用区块链技术防止安德拉邦的财产欺诈等的经验来加快进程。

参考文献

Maitreesh Ghatak, Sandip Mitra, Dilip Mookherjee, and Anusha Nath, 2013, Land Acquisition and Compensation in Singur: What Really Happened?, *Economic and Political Weekly of India*, 48(21).

解 决 方 案

1. 土地交易应依赖拍卖，而不是官员来做出"正确"的决定。如果程序设计得当，拍卖不仅会告诉你农民实际愿意支付的价格，而且还会告诉你工厂选址的最佳位置。

2. 每块土地都不同——一些比另一些能产生更多收入——所以只有农民自己通过拍卖才能够给它们定价。

3. 有许多创新的方法来补偿担心稳定收入的农民们——例如，通过给他们一部分已完成的项目或计划中的城镇地块。

4. 政府必须对土地进行电子登记，以便政府保证土地的所有权以及发展一个真正的土地市场。

第 6 章

增长的出口

WHAT THE
ECONOMY
NEEDS NOW

问　　题

1. 出口对于经济增长和创造就业至关重要，因为出口能够使一个国家为整个世界生产而不仅仅是为本国人民。但是印度的出口表现不佳，不仅仅是与中国比较来说，相较于周边国家像孟加拉国也是如此。

2. 许多出口商，特别是创造最多的就业岗位的工业，如纺织业，都是小型或者中型企业。这就使它们难以进入全球供应链和获得贷款。它们受商品及服务税的打击也最为严重。

3. 印度的劳动力缺乏足够的技能，并且受限于劳动法规，印度出口商不能雇用足够的劳动力提高劳动效率。

4. 我们的交通运输基础设施不足、落后，规划不科学——官僚主义让出口商很难保持竞争力。

印度的出口

吉塔·戈皮纳特[1]（Gita Gopinath）

阿马蒂亚·拉希里（Amartya Lahiri）

摘要

印度出口增长仍然不温不火。制约因素似乎是普遍性的问题：生产规模小、生产率低、机构摩擦。未来的政策举措需聚焦改革，以促进生产规模扩大，特别是进行劳动改革，让企业与工人之间更容易分离。微观政策，诸如贸易协定、港口简化文件程序、改善信贷渠道和基础设施升级将会有所帮助。美国与中国之间的贸易关系正在重置，这对于印度公司来说是个机会，可以寻找另外的贸易关系。

---

1 吉塔·戈皮纳特是国际货币基金组织的经济顾问和研究主任，本文写于她加入国际货币基金组织前，当时她任哈佛大学国际研究和经济学"约翰·赞瓦斯特拉教授"。本书中所表达的观点仅代表作者的观点，并不一定代表国际货币基金组织、其执行董事会或国际货币基金组织管理层的观点。

劳动力丰富的印度可能是一个有吸引力的目的地。

出口增长不够快

1992年以后的25年，当印度开始贸易制度自由化后，印度在世界出口总额中所占份额从1992年的0.5%上升到2017年的1.7%。同一时期，备受赞誉的印度服务业相应的出口份额从0.5%上升到3.4%。把这些数字放入当时背景中，同期，中国在世界出口总额中所占份额从1.8%上升至12.8%。距离更近的国家，在过去仅十年时间内，孟加拉国商品出口占世界出口总份额增长了一倍以上，从2007的0.09%上升到2017年的0.2%。概括而言，世界作为一个整体，出口额约占国内生产总值的30%，对比而言，出口在印度国内生产总值中所占的份额仍在继续下降，在20%以下。

印度出口增长缓慢制约经济发展，因为印度无法有意义地利用外部需求来出口其商品和服务。另外，不温不火的出口会对公司利用资源的生产效率产生不良影响。最近的研究表明，从事出口的公司可以从生产率的提升中获益。[阿特金等（Atkin et al.），2017]确实，印度有出口业务的公司比没有出口业务的公司生产效率更高。

与世界平均水平相比，印度服务业出口份额较大。尽管印度的服务业表现非常好，但在世界上却绝不是独一无二的。例如，中国服务业在世界服务业出口中的占比增长了三倍多，1992年至2017年期间从0.9%上升至3.8%。

然而，以后，不断上涨的工资成本和商业服务的日益自动化将很可能限制服务业的增长。此外，鉴于印度服务业出口创造的就业机会较少，印度必须努力实现商品出口更快的增长。

商品出口不温不火似乎与特定的行业没有关系。没有表现特别差的行业，也没有表现特别优秀的行业。相反，出口状况似乎反映了印度工业的总体情况：以低生产率运作，增长有限的小公司占多数。

需要采取哪些措施？

印度生产的总体特征是没有一个有利于国际竞争的国内环境，具体分为宏观和微观两方面的问题。宏观问题适用于所有制造业，出口只是众多行业中的一个子行业。

▶ 宏观问题

- 规模对于一个出口行业成功与否至关重要。政策阻碍公司规模扩大，生产率阻碍贸易的能力。土地征用的障碍、劳工法规、电力和其他基础设施支持不足以及熟练劳动力的缺乏，所有这些都限制了公司规模。

- 需要进行**根本性的劳务改革**，鼓励大规模和劳动密集型的生产单位，同时保护劳工权利。这将有助于传统出口部门，例如纺织品以及皮革制品、鞋类和木制品等其他部门。同时，劳工改革还必须以更广泛的努力更好地管理印度的人力资源和技能。

- **更完善的交通基础设施**：政府需要努力促进各种不同交通方式的相互融合，引入现代仓储，简化海关手续，让物流和工业园区更好地结合。印度目前的交通基础设施状况让印度出口商在世界市场上缺乏竞争力。根据世界银行2018年的一项研究，"公司表示，一个集装箱从上海出发运输到孟买需要11天，从孟买到德里需要20天"。

▶ **微观问题**

- **改善信贷**：必须鼓励信贷更多地流向出口商，以促进出口增长。印度的大多数出口商是中小型企业，无法获得外部融资。银行信贷通常是其唯一的融资来源。这些资金必须稳定，以便中小企业能够合理地计划生产。

- **简化商品和服务消费税**：必须加快对中小型企业的消费税出口退税，以帮助出口。退税仍然很慢。这意味着中小企业通常会承受压力，因为它们可能没有足够的营运资金。中小企业的劳动密集型出口占总出口的40%，但最近的表现却明显不佳。

- **和欧盟签订一个贸易协定**：印度的一些主要出口商品（例如服装）被排除在欧盟的普遍优惠制（GSP）之外，而孟加拉国等国家却能从普遍优惠制中受益（孟加拉国50%以上的出口是对欧盟的出口）。我们必须克服该缺点。自2007年以来，我们一直在与欧盟就优惠贸易协定（PTA）进行谈判。印度的出口竞争对手，例如越南，最近也与欧盟达成了一项优惠贸易协定。

- **加强与南亚的贸易**：南亚是世界上经济一体化程度最低的地区。区域内贸易仅占印度贸易总额的不到5%。

- **关税**：抵制提高关税的诱惑，以应对暂时的经济压力，例如进口的突然增加。由于大多数出口商使用进口产品，因此关税会降低印度出口商的竞争力。
关税从1992年的70%减少到目前的10%的水平有
助于经济发展。重要的是，印度还将中间商品的平
均关税降低到同样的水平。实际上，唯一保持较高
水平的是针对食品和饮料的中间商品关税——平均
40%。必须抵制提高关税的诱惑。

接下来，我们将提出特定行业需要解决的问题。解
决这些问题将可以利用全球供应链的潜力来促进印度的
增长。在这里，我们聚焦两个特别有潜力的行业。

- **电力行业与全球相融合**：电力行业是全球供应链
  增长最快的行业之一，尽管印度没有从中受益——
  不像别的国家（如中国和印度尼西亚）。正如上
  文中引用的世界银行的报告，印度进入全球供应
  链面临着几个主要障碍：（1）交通运输基础设施
  较弱（正如之前讨论的）；（2）劳动力技能水平较
  低，这需要公司大量投入资本来培训员工；（3）征
  收土地的复杂性，这让上游和下游企业集群变得困
  难[1]；（4）整体的环境监管，这进一步增加了成本；

1　见本书中玛伊特里什·加塔克关于土地改革的文章。

（5）冗长且不可预测的进口清关程序。

- **振兴纺织业**：过去十年，纺织业已经将优势让渡给了孟加拉国、斯里兰卡和越南等国。问题是类似的：（1）小规模公司占主导；（2）大多数生产单位使用老的（有些是过时的）机器，技术过时；（3）缺少经过培训的半熟练劳动力操作现代机器和生产线；（4）长期缺电，导致公司使用生产效率更低的手动操作机器；（5）征地问题；（6）繁重的通关要求，阻碍了进口货物的快速进口和加工产品的出口，这与国际准时交货预期相悖。

参考文献

David Atkin, Amit Khandelwal, and Adam Osman, 2017, Exporting and Firm Performance: Evidence from a Randomized Experiment, *Quarterly Journal of Economics*, 132(2).

World Bank, 2018, India-Systematic Country Diagnostic: Realizing the Promise of Prosperity, Washington, DC: World Bank Group, http://documents. worldbank.org/curated/en/629571528745663168/IndiaSystematiccountry-diagnostic-realizing-the-promise-of-prosperity.

第 7 章

农场和农民

WHAT THE
ECONOMY
NEEDS NOW

问　　题

1. 印度仍有太多劳动力从事农业生产活动并且收入总额太少。如果农民要获得体面的收入，农业的生产率必须提高。

2. 在印度的一些地方，农民还不具备灌溉的条件；在其他地方，管井和耗水量大的农作物耗尽了地下水，并造成了环境危机。

3. 农民从他们生产的农产品中所获收益不多，只占农产品最终收益的非常小的一部分——中间商赚取了太多。同时，他们进入国际甚至印度全国市场有阻碍。

4. 食品价格上涨速度相比从前有所下降——但是这意味着农民收入的停滞，因为高价格意味着他们能赚取更多。这种现象增加了农村的沮丧情绪。迫于政治压力，所有政府都会采取措施回应——但是怎样回应呢？

农 业 改 革

内尔坎特·米什拉

（Neelkanth Mishra）

农业的重要性

早在1880年，第一届印度饥饿委员会就已经注意到印度农民多，而耕地少。然而，人口普查显示，农业劳动力从1951年的1亿人增加到2011年的2.6亿人（米什拉，2017）。最近的就业调查显示，就业总人数下降了，但是印度40%以上的劳动力仍从事农业生产，创造的收入仅占国民收入的1/6。如不能解决农业问题，任何经济改革议程都是不完整的：在提升穷人的生活水平上，解决农业问题带来的效果比大多数社会福利计划都明显。

富足的矛盾

因为富足带来的矛盾近些年变得更加尖锐（米什拉，

2016）。食物需求不能迅速增长，特别是考虑到人口增长正在放缓，并且随着印度人生活方式的改变他们想要人均消耗更少的卡路里。然而，与此同时，农村基础设施（道路，电话，电力）的显著改善正在推动产出的快速增长。供应超过需求，因此印度现在大多数食品品种都存在过剩现象。因为食品过多抑制了食品价格上涨，从食品消费者（大多是富人）到食品生产者（大多是穷人）的收入转移已经停滞。直到最近，这种食物价格上涨减轻了农业增长缓慢的影响。从 1960 年起，农业国内生产总值的年实际增长率仅为 2.5%，而农业劳动力增长了 1.6%。但是物价上涨了7.5%，名义年收入增长了 10%，避免了极端压力。

使问题更复杂的是，尽管粮食过多，印度营养不良和儿童发育不良的水平却非常高，让人尴尬。这意味着有一些种类的食物还是很匮乏或者不够便宜。政府的政策过度集中于谷物。

可供选择的解决方案：政府政策仍在努力提高产量，特别是仅占农业总产量五分之一的谷物。这种政策倾向是过去印度寻求食物自给自足时期的遗留做法。为了应对新的挑战，政府现在必须集中精力鼓励增值、替代作物、出口和去中介化，以确保农民的收入得到急需的增长。农业是邦的议题，中央政府必须创造性地使用激励措施来改变或影响邦级政策。

农业改革

序号	建议	改革类型	描述/解释
立即行动			
1	将矛头指向供应链中的垄断	市场	如不消除垄断，很难提高农民在供应链中的份额。基本商品法与农产品市场委员会（Agricultural Produce Market Committees, APMCs）允许垄断和卡特尔的形成，让它们获取超常利润并且相应减少了农民收入。到目前为止，政府还缺乏改革这些领域、打破垄断的政治意愿。
2	直接利益转移补充收入；向化肥的直接利益转移政策[1]过渡，与土壤健康卡挂钩（Soil health cards, SHCs）	投入	鉴于其巨大的范围和前所未有的规模，最近推出的收入转移计划应该在广度（受益人数）、深度（多少）和频率（每月转移是否会更好）上进行校准。随着时间的推移，关键的补贴必须纳入其中。例如：向阿达哈尔认证[2]（Aadhaar-authenticated）的补贴化肥销售过渡的速度很快。与土壤健康卡挂钩对于淘汰大买家很重要。尽管补贴具有扭曲性，但只要在一开始就把它们引导好，就完成了重要的第一步。

1　2016年10月印度政府开始推行化肥的直接利益转移政策。根据化肥的直接利益转移政策，政府依据化肥公司对受益者销售的各种各样的化肥的实际数量，对化肥公司进行百分之百补贴。——译者注

2　阿达哈尔认证是将阿达哈尔号码连同个人的人口统计信息（例如姓名、出生日期、性别等）或生物特征的信息（指纹或虹膜）一起提交至印度政府的唯一权威认证（UIDAI）的中央身份数据存储库进行认证的过程。唯一权威认证会根据数据库（UIDAI）信息验证提交信息正确与否。——译者注

续　表

序号	建　议	改革类型	描述/解释
3	改进"首相作物保险计划"	投入	保险覆盖率远低于2018—2019年覆盖50%农民的目标。中心的一个专家团队可以与各邦持续合作,跟踪并重新协商保险费率,有时有些作物的保险费率可达到40%。保险费补贴应及时缴纳。技术的使用（卫星、无人机）正在增加,但可能还会大幅增加。
中期或长期改变			
4	使曼迪水平[1]（mandi-level）的基础设施建设标准化	市场	要使全国农产品市场运转起来,标准的检测、分类和分级设施至关重要。这也有助于实施价差计划,确保所有小农户都能获得政府设定的最低支持价格。
5	限制佣金/费用	市场	这一数额不应超过产品价值的2%。

1　曼迪即实体、初级的农贸市场,是印度许多地方古老和无处不在的经济形式。它们的形成地通常会成为经济、社会和政治活动中心,连接和塑造城乡之间、当地商品市场和更大的全国性以及全球性资本和商业流通市场之间的关系。根据现有估计,目前印度有超过7 500个受监管的农产品市场,在不同的邦级法律下运行,覆盖农产品类型多样。——译者注

续　表

序号	建　议	改革类型	描述/解释
6	拓展全国电子农产品市场（e-NAM）	市场	全国电子农产品市场的总量仅占印度农业总产出的2%。一旦流程和费用标准化，基本商品法与农产品市场委员会的垄断解除，全国电子农产品市场就必须扩大，这样农民就可以在全国范围内获得最优价格的农产品。纠纷解决机制对于保护买家也是必要的。
7	尝试向农民转移收入	投入	特伦甘纳的里图班杜计划[1]［The Rythu Bandhu（RB）scheme of Telangan］应该提供数据，帮助调整这种转移。里图班杜类型的计划需要可靠的土地记录，但只有少数几个邦有（见加塔克关于土地改革的文章）。
8	使租赁更加正规化	投入	土地租赁必须立法（通过修订）。当前的制度中，佃农与他们耕种的土地没有正式的关系，造成了政府政策的低效，人为地将土地所有者、佃农和耕种小面积土地的农民分开。

1　为了确保农民不再陷入债务陷阱，一项名为"农业投资支持计划"（"里图班杜计划"）的新计划拟从2018—2019哈里夫季开始实施以照顾每个农民的初始投资需求。2018—2019财政年度，特伦甘纳政府为该计划提供了12 000千万卢比的预算。——译者注

序号	建议	改革类型	描述/解释
9	鼓励农业出口	市场	为使农民的收入最大化，剩余的农业产品必须出口。为此，政府需要开发专门的集群，拥有足够现代化的加工设施，以满足出口标准（以及许多出口市场要求的严格规定）。贸易政策应该是稳定的和可预测的，没有突然的关税或限制。农业在全球范围内受到严格保护（瑞士的补贴占其农业GDP的90%），贸易谈判可能对印度的农业出口产生重大影响。
10	鼓励作物替代	水	生产结构需要改变。首先，出口市场有更大的农产品需求，需要在生产结构中加大农产品比例。其次，甘蔗和大米等耗水作物的种植需要从日益干旱的马哈拉施特拉邦和旁遮普邦转移到水资源过剩的邦。
11	提高技术采用	投入	采用转基因棉花大大提高了产量。但从那时起，争议就阻碍了进展：一个明确的转基因试验和采用政策是必要的。这不仅是为了提高产量，也是为了满足生物强化食品等需求，增强营养安全。
12	农业研究与教育	投入	印度的农业研究已经取得了一些显著的成功，但是需要大幅增加规模和加大对农民的投入。这些工作必须是重点。

续　表

序号	建　议	改革类型	描述／解释
13	知识产权制度	投入	应该有一个明确的政策来帮助印度农民以可接受的价格获得最好的技术，而不是一个特定的逐个问题解决的方法。这是昂贵的，有争议的，而且往往是不稳定的。
14	填补公共灌溉系统的缺口	水	运河的大型灌溉计划既昂贵又耗时，容易滋生腐败，而且难以维护。水管可以减少蒸发／泄漏，也可以更快地安装到位。

注：市场＝农业市场政策和设施。

参考文献

Neelkanth Mishra, 2016, Paradox of Plenty, *Indian Express*, 22 August 2016.
Neelkanth Mishra, 2017, Beyond the Farm, *Indian Express*, 30 March 2017.

解 决 方 案

1. 政府必须为农民打开市场；需要进行法律改革消除当地批发市场上的卡特尔、中间商和垄断者；必须建立一个全国农产品市场；农产品出口将被作为重点。

2. 水资源必须成为长期战略的重点；需要大量水的农作物，例如水稻，必须从半干旱地区转移到有足够水的地区；同时，重点利用自来水管道，而不是宏伟的运河来加速推进灌溉项目。

3. 有了技术干预才能向农民支付各种形式的现金——无论是化肥补贴，最低收入保障，还是更快的保险支出。

4. 农业必须提高技术水平；政府必须在转基因作物和知识产权方面（例如新种子）制定清晰、渐进的政策。

.

第 8 章

改革能源

WHAT THE
ECONOMY
NEEDS NOW

问　　题

1. 印度经济增长越来越依赖进口能源。这意味着国内经济健康对国际形势（如原油价格）非常敏感。这会带来不确定性，并拖累经济增长。

2. 印度需要通过出口或资本流入来支付昂贵的能源进口费。但是，资本流动和能源价格通常呈负相关，很难确保支付这些款项。

3. 随着印度的发展，其能源结构从密度较低的燃料（如木柴）转变为密度较大的燃料（如原油）。同样，这增加了外部依赖性。

4. 发电领域也存在问题，有几个发电厂因为财务原因面临关闭的风险；同时，因为提高电价的政治困难，许多邦的电力委员会长期亏损。

能 源 改 革

内尔坎特·米什拉

印度严重依赖国外进口能源满足需求。这给经济增长带来了下行压力——造成了外部余额和中期增长预期不希望有的波动。

生产力与能源使用息息相关：为实现更高人均产出，我们不仅需要提高交通、工业产出和家务劳动自动化程度，材料使用上，还需转向更为能源密集型的材料，例如金属、塑料、砖和水泥。GDP增长而能源消耗不增长是可能实现的——但是很难也有局限性。为了提高生产率，我们还需更大量地使用密度较大的燃料（例如，原油和煤炭），并减少使用低密度生物质（木柴、农作物残渣）。从另一个角度看，无论通过就地还是迁移方式，城市化都增加了能源需求并且需要密度更大的燃料，促使居民需求更多转向电力和燃气。

如果印度维持过去25年平均每年7%的增长率，并且将

GDP增长的能源强度减至自1995年以来保持的2.5%的水平，能源需求将以每年4.4%的速度增长。可是，2000—2015年，能源生产仅以每年3.1%的速度增长，因此进口量增长必须达到8.4%才能满足需求。虽然能源生产的增长速度比过去稍快，能源的进口依存度还是从2000年的21%上升到2015年的36%，到2040年可能上升到将近50%。令人担忧的是，对于以后需求可能不断增长的能源类型，如石油、天然气和冶金煤等，印度缺少大量的储备，仅靠国内产量的提升并不能满足。

虽然能源价格起伏不定已广为人知，但是它们在25年内的复合年增长率很少低于2%：按照这个标准，印度的能源进口费用到2040年可能会增加到6 600亿美元。作为国内生产总值的一部分，这将低于当前水平，但仍将构成挑战：能源进口需要通过出口或获得外资来支付。资本流动的节奏与能源价格的节奏大不相同，这将会给印度的中期发展期望带来不良波动。

可供选择的解决方案：解决方案只能是快速提高国内能源**产量**，提高能源利用**效率**并鼓励生产本土**替代**能源。高昂的能源进口费用意味着卢比承受着贬值的压力。随着卢比贬值，国产能源将变得更加便宜。由此，本土能源将自然而然地占优势。然而政府需要加快这个转变。

▶ 能源改革

序号	建 议	改革类型	描述/解释
1	一场大规模运动，使人们认识到必须进行能源改革以维持高速增长	替代	将有助于围绕中小企业改革（一个国家课题）、能源替代相关项目和提高能源效率建立政治共识。
立即行动			
2	采煤拍卖许可证	生产	已有允许私营部门参与采矿的法律。这将有助于使供应能对以卢比计算的能源价格作出反应。
3	重新引入清洁能源税，并用它来激励中小企业不使用煤炭	生产	早先的每吨400卢比的税被纳入了商品服务税。新的税收作为附加时生效（所以对用户净中性）。
4	放开天然气定价	生产	同样，这将有助于使能源供应对（以卢比计算的）价格敏感。它还将鼓励国内天然气资源的勘探。
5	加速老火电厂的淘汰	效率	在将煤转化为电的过程中，大量的能源被浪费掉了，这对老旧的电厂来说尤其糟糕。
6	减少非运输用途的柴油使用	替代	近六分之一的柴油用于运输以外的用途，例如通过发电机组提供备用电力。过渡到太阳能水泵让邦有动力减少计划停电，帮助降低对发动机组的需求。

续　表

序号	建　议	改革类型	描述／解释
7	启动根据用电时段收费的政策	生产	开始根据大客户一天的用电时间向他们收取不同的电费，并随着时间的推移扩展到每个人。这将加速可再生能源整合。
8	启动可再生能源的采购计划	生产	为了让可再生能源发电在电网中占有更大的份额，人们需要网格级存储。政府采购计划可以建立供应链并降低成本。
9	将电动汽车（EVs）用于的士、巴士、两轮车	替代	电池电动汽车的经济性意味着汽车领域可能会首先向电动汽车过渡。等待机缘来加速这个进程太危险。相反，最好为汽车制造商制定车辆层面的碳排放目标；继续试验城市专用电动汽车出租车；激励邦运输公司转向电动车。
10	恢复陷入困境的发电厂	生产	由于各种原因，有相当大一部分的建设能力目前处于闲置状态，并面临着清算的威胁。政策必须防止这种情况的发生。
中期或长期的改变			
11	进一步本土化可再生能源能力	生产	在国内太阳能电池产量极低的情况下，创造大量的太阳能产能，将导致进口账单飙升，并对外部平衡造成压力。必须创造国内的太阳能电池生产能力。

续　表

序号	建　议	改革类型	描述/解释
12	改变国家电网	生产	要想提高可再生能源在发电中的比重，就需要对电网进行结构调整：增加存储容量，对购电协议采用不同的定价算法，建立更多的微型电网。
13	重组中小企业	效率	目前，五分之一的电力丢失、未计费或未付费。因此，中小型企业非常脆弱，每个中小企业都应该被拆分为一个基础设施公司和一个服务公司。基础设施公司可以获得固定的股本回报，服务公司可以争夺客户。
14	通过当地可用的动力煤炼钢	替代	印度拥有丰富的高品质铁矿石储备，这些技术的发展应该成为可能。钢铁生产占印度能源需求的百分之九。
15	建立主要能源用途的全球基准	效率	像以色列的水资源一样，印度的家庭和工业也需要最有效地使用能源。制定行业层面的目标将是向前迈出的重要一步。

续 表

序号	建 议	改革类型	描述 / 解释
16	加速从直接生物质使用的过渡	替代	乌吉瓦拉[1]是一个很好的开始。随着电气化和电力供应的改善，可以尝试补贴家用感应炉灶。
17	碳信用额的交易：允许生物质被包括在内	替代	随着农村燃料向更大密度原料过渡，我们需要使用每年在农业中产生的生物质来供应农村燃料。实现这个过渡，最初可能需要政府补贴。
18	减少塑料的使用	替代	天然气和石油的非能源使用，如塑料的制造，应该被最小化。
19	大幅提高可再生能源发电的目标	生产	即便是6.5亿千瓦的"太阳能+风能"装机容量，也只能满足2040年印度预计能源需求的4%。

注："类型"指的是生产=增加的产量；效率=提高效率；替代=推动或鼓励替代国内能源

1 乌吉瓦拉（Ujwala）是印度石油和天然气部出台的一项专项计划，旨在为依赖柴火、煤炭和牛粪饼等传统烹饪燃料的经济困难家庭提供清洁燃料，如液化石油气。——译者注

解 决 方 案

1. 可再生能源的生产至关重要——这要求我们不仅要提高目标，增加太阳能或风电场建设目标数量，还要建立一个国内生态系统，生产太阳能电池和其他电池。应当鼓励出租车、两轮和三轮车与公交车转向使用电力能源。

2. 需要改革电力分配。需要打破印度电力局的垄断，并且电网需要进行升级来应对更多可再生能源的生产。微电网是一个强大的本土解决方案，并且应该尝试对电力分时段定价。

3. 应鼓励分销公司和消费者减少使用煤炭或柴油。炊炉应该使用插电款，柴油发电机应该被淘汰，应该重新引入煤炭清洁能源税。

4. 最近的实践经验体现了群众运动在卫生、保健和放弃液化石油气补贴等方面的作用。应该开展类似的运动，改变人们对电价、可再生能源和能源浪费的态度。

第 9 章

赤字和债务

WHAT THE
ECONOMY
NEEDS NOW

问　　题

1. 印度政府入不敷出。邦政府和中央政府的财政赤字总和约为GDP的7%——在新兴市场中是最高的之一。

2. 最近几年，邦政府过度花销问题尤其严重。它们的预算有时不够清晰，财务委员会经常出现人力资源不足的状况。

3. 高财政赤字意味着经济非常脆弱。政府借款增多意味着私人投资被"挤出去"了。尽管短期内，随着财政扩张，经济可能进一步发展，但此后很快就会崩溃。

4. 政府做了很多需要花钱的承诺和保证——这些"或有负债"也在增长。

负责任的增长：印度的前进之路

普拉奇·米什拉

（Prachi Mishra）

背景

虽然印度经济表现良好，且一些宏观经济指标的指数
有很大提升，例如增长、通货膨胀和经常账户，**但是它的
财政表现在新兴市场中仍然是一个表现不佳的例外**。正如
表一显示的，综合财政赤字（中央和邦合计）在过去十年
中的大部分时间里，维持着约7%的增长率，在新兴市场国
家中排名第二（巴西遭受经济危机，排名第一，见表1）。

表1　新兴市场的主要宏观经济指标

	实际国内生产总值增长（较上一年的百分比）		消费物价通胀（较上一年的百分比）		经常账户余额（占GDP的百分比）		财政平衡（占GDP的百分比）	
	2012—2014年	2015—2017年	2012—2014年	2015—2017年	2012—2014年	2015—2017年	2012—2014年	2015—2017年
印度	6.2	7.3	8.6	4.4	−3.2	−1.1	−6.7	−6.9

续　表

	实际国内生产总值增长（较上一年的百分比）		消费物价通胀（较上一年的百分比）		经常账户余额（占GDP的百分比）		财政平衡（占GDP的百分比）	
	2012—2014年	2015—2017年	2012—2014年	2015—2017年	2012—2014年	2015—2017年	2012—2014年	2015—2017年
巴西	1.8	-2.0	6.0	7.0	-3.4	-1.7	-3.8	-9.0
中国	7.7	6.8	2.4	1.7	2.1	2.0	-1.7	-3.6
印度尼西亚	5.5	5.0	5.6	4.6	-3.0	-1.8	-2.1	-2.6
俄罗斯	2.0	-0.5	6.8	8.7	2.5	3.2	-0.4	-2.5
南非	2.2	1.1	5.8	5.4	-5.3	-3.3	-4.3	-4.5
土耳其	6.2	5.4	8.4	8.9	-5.6	-4.3	-1.3	-1.7

为什么坚持审慎的财政策略对印度至关重要？（参见米什拉等，2018）

1. 印度一般政府赤字增加往往与中央和各邦的借贷成本增加、资本流入减少以及私人投资减少（所谓的挤出）有关。

2. 财政和外部脆弱性也密切相关。[1] 人们普遍认为，不可持续的财政赤字是1991年国际收支平衡危机的主要原

1　见本书中萨吉德·奇诺伊关于外部失衡的文章。

因。全球金融危机爆发后的这些年，考虑到外部动荡，印度没有实行预先设想的财政整顿策略，导致了2013年的缩减恐慌（请参阅财务责任和预算管理审查委员会报告，2017）。确实，在财政收支恶化的时候，尤其是在政府收支偏离目标的时候，货币的压力往往会更大。

3. **大规模财政扩张的实际不利影响：我们从过去的经验中学到什么？** 印度历史上最大的两次财政扩张时期是1998—1999和2009—2010财政年度[1]。这两个时期后，经济增长暂时回升，此后经济增速明显放缓。因此，大规模的财政扩张对印度经济活动的所有直接刺激作用都不如挤出和/或信心减弱的长期影响大。

前进的道路

1. 践行财务责任和预算管理委员会建议，到2022—2023年将印度的债务总额减少到GDP的60%。届时，中央的债务应减少到GDP的40%，各邦的债务总和应减少到GDP的20%。

2. 经营目标的重点是总体财政赤字。根据财务责任和

1 　其定义为连续两年财政规模的扩张至少占GDP的1个百分点。

预算管理委员会的设想，**到2022年至2023年**[1]，**中央的财政赤字和所有邦的财政赤字应分别降至GDP的2.5%。**

3. 由财务责任和预算管理审核委员会推荐，**建立一个独立的财务理事会**。财务理事会既可以起到事前的作用——提供对关键宏观经济变量（例如，实际和名义GDP增长、税收浮动和商品价格）的独立预测，也可以起到事后监督的作用。它也可以作为机构提出建议，从财政要求中触发逃逸条款，并指定返回途径。

4. **优先采取控制邦财政的举措**。随着近年来邦财政状况恶化，中央和各邦的财政轨迹各不相同。归根结底，综合财政赤字对实体经济以及市场都至关重要。发生任何财政危机时，国家将对邦以及中央的债务负责。

5. 因此，**必须全方位处理和解决整个国家的或有负债，包括养老金负债。**（请参见下面的详细信息）

6. **每个邦应审查其邦一级的财务责任和预算管理法案并使其与议会通过了的财务责任和预算管理的意见保持一致。**

1　关于财政赤字的构成如何以促进增长的方式进行调整的问题，具体建议见普兰久·班达里《基础设施建设缓慢》。

7. **增强邦财政委员会的员工数量**，以便深入挖掘邦级财务细节，并能够与国家财政、政府部门与印度财政委员会进行富有成效的互动。

国家在关键领域的或有负债

我们讨论了关键问题，并就三个关键领域的负债问题提出了解决方案。这些建议已经在财务责任和预算管理报告中提出并进行了详细讨论。还有其他或有负债——例如，在养老金中——这里不讨论。

▶ **电力方面**

- **解决资金问题：不应再为经营亏损的邦电力公司提供银行融资**。相反，邦政府应该作出坚定的承诺，每年给分销公司股票或无息贷款来填补分销公司亏损。

- **增加邦的公用事业的收入**：分销公司和邦政府设定目标必须有时间期限，这样才能获得盈利。应坚持强制计量、技术升级和定期改变、实施新电价。

- 值得注意的是，提高电费必然会增加盗电的动机，会以"总体技术和商业损失"形式表现出来。因此，所有邦都应**另采取措施来避免此类损失**。可以学习古吉拉特邦经验——例如打击盗窃和未计量的电源，并针对不同的细分市场引入单独的馈线[1]。

- **减小中介的作用**：应出台一个框架，让发电公司以可协商的价格将其剩余电力直接出售给消费者。另外，在邦级层面，开放获取政策，收费和其他非价格障碍应该被重新审视，来造福终端消费者，让他们有更多的选择和获得最低的价格。电力生产商也可以跨邦将电卖到价格最优的地方。

▶ 食物方面

- 邦政府与商业银行维护食品信贷账户。某些邦代表印度食品公司使用信贷来集中采购谷物。这些账户运行有严重延迟，特别是在有些邦。这种情况主要是由于这些邦政府和印度食品公司之间的争端，印度食品公司拖延了向有关邦报销采购费用的时间。

1　Kanr 与 Chakraborty（2018）指出，没有太多参与的邦达到了 UDAY 计划设想的财务和运营效率指数。

这些账户早就应该被列为国家不良资产了。

- **向集中采购的邦提供食物信贷只能经过印度食品公司，由印度政府担保。**这样将简化程序，提高效率，并尽量减少采购邦与印度食品公司之间导致有关邦粮食信贷账户持续出现不正常情况的争端。对粮食库存进行全面专项审计，准确判断已经存在的违规行为的程度，由中央政府和印度食品公司尽快予以清理。

▶ **关于政府资助的信贷担保计划**

- 印度政府推出了许多信贷担保计划——小微企业信用担保基金信托（CGTMSE）、低收入者住房信贷风险保障基金计划等等——为各种目标受益者增加正规信贷。这些信用担保计划可能帮助预期受益者以更优惠的条件获得信贷，但**重要的是，这些计划要以审慎和透明的方式运作**。

- 虽然印度政府明确保证如果这些项目缺乏资金，政府将出资，**但重要的是要确保这些计划运行良好，以便将贷款损失降至最低**，并根据某些审慎的规范，在持续的基础上保持充足的资金。

参考文献

FRBM Review Committee Report, 2017, https://dea.gov.in/sites/default/files/ Volume1 FRBM Review Committee Report.pdf.

Amandeep Kaur and Lekha Chakraborty, 2018, UDAY Power Debt in Retrospect and Prospects: Analyzing the Efficiency Parameters, NIPFP Working Paper No.244.

Prachi Mishra, Vishal Vaibhaw, and Andrew Tilton, 2018, Fiscal Prudence: Pain or Gain for India?, Asia in Focus, Goldman Sachs Economic Research.

解 决 方 案

1. 到 2022—2023 年，印度政府财政赤字应该降低到 GDP 的 2.5%，邦政府总赤字也应该降低到这个程度。如此，将有助于私人借贷的发展。印度总体债务占 GDP 的比例应该降低到 60%。

2. 应设立独立的财政委员会，监测财政赤字、规划主要经济指标未来发展、应对需要更多支出的紧急情况。

3. 邦政府的财政赤字需要被管控，同时给予邦财政委员会更多资源；需要更新邦级别的财政责任法律。

4. 政府应该努力阐明"或有负债"的范围。或有负债产生于政府的各种承诺和保证。应采取行动清理养老金、电力、食品和信贷保证计划——在未来，它们中的任何一项都可能引起严重的财政问题。

第 10 章

———

治理学校

WHAT THE
ECONOMY
NEEDS NOW

问　　题

1. 印度教育质量很差。大多数学生在流程上读完了小学，却没有读写和算数能力。

2. 在同一学校的同一班级，学生们的成绩差别很大——越到高年级差别越大。这使得教学非常困难，成绩最差的学生实际上什么也学不到。

3. 强调"通过考试"意味着学生们把注意力集中在死记硬背上，而不是学习有用的技能和概念。职业培训被认为不重要。

4.《教育权法》增加了受教育的机会，但代价是迫使许多私立学校关闭。

改革印度学校教育系统[1]

卡尔提克·穆拉利达拉

（Karthik Muralidharan）

印度教育系统设计中，矛盾存在的根源是：历史上，教育系统有两个截然不同的目的。

第一个目的是传授知识、技能，传递身份和公民的概念，可以广义地称之为教育的"人类发展"作用。

然而，教育系统还有第二个目的，即根据教育能力和成绩对学生进行评估和分类，并筛选出成绩较好的学生接受高等教育，安排更好的工作岗位。我们可以把这称为教育的"分类"功能。

快速总结印度独立后的教育史，可以发现教育系统大

1　这些是作者的个人观点，反映了无党派经济学家们为印度新教育政策（New Education for India）编写委员会和《印度经济战略（2018年）》（Economic Strategy for India）提供的意见。该版本资料截至2019年2月15日。

部分是被分类功能而不是人类发展功能所驱动的。的确，对印度目前的教育体系，最贴切的理解或许是：一种"过滤"体系，而不是"教育"体系。

使用这个框架有助于理解印度教育系统几个深层次的结构性挑战，这些挑战已引起广泛评论。

1. 整个教育系统中存在着**巨大的不平等**——一方面培养出了通常会在他们的领域取得全球卓越的成就的学生，另一方面产出了世界最多的达不到三年级读写水平的小学毕业生。

（1）造成这种现象的一个主要原因是，教学大纲和教科书一直没有改变，以前的教育体系中学生的比例要小得多。由于教育体系的重点继续放在"通过"与教学大纲相关的考试上，落后于课程的孩子尽管也上学，但最终往往什么也学不到[1]。

（2）之所以如此，是因为教师、家长和学生在当前年级以下的水平上提高学习水平是得不到奖励的——因为这对通过当前年级的考试没有帮助——因此，早期落后的学生将永远落在后面。

2. 对考试和分数的过分关注导致教育体系形成以死记

1　正如Muralidharan，Singh，Ganimian（2019）的研究所显示的。

硬背的方式通过考试（通常是通过死记硬背过去的考卷）的特点，而不是通过将概念理解应用到实际情况中。

（1）这也部分是第1点的结果，因为对成绩落后的学生来说，唯一可行的策略就是死记硬背，希望记住考试中可能出现的问题以通过考试。

（2）概念理解没有被作为重点，因为概念理解对考试没有帮助。

3. 即使是理论上"通过了各种考试并拥有不同水平的论文资格的学生，实践技能水平也非常低"。

请注意，分类本身并没有错。世界上每一个地区都致力于发掘其最有才华的公民，并将他们匹配到影响整个社会的领导角色和职业中。对于高等教育机构和雇主来说，寻求学生准备阶段学习水平的可信信号，是完全合理的；对于学生来说，追求提供这种可靠信号，亦是如此[1]。

另外，以分类为基础的教育系统可能对农业社会有效。因为农业社会知识性工作比例小，并且对于农业和体力劳动者来说教育的社会回报有限。然而，现代知识经济要求

1　这就是为什么一些想法——比如取消第十届理事会考试——出发点是好的，在实践中会适得其反。取消这一信号并不能消除对它的需要，它最终会不成比例地伤害弱势学生，因为他们没有其他的选择来展示他们的才能。

每个公民都接受教育，使他们能够不断地、主动地形成自己的技能和能力。

　　然而，教育分类模式的问题在于，由于"恰当水平的教学"的缺失，落后于（过于雄心勃勃的）年级标准的孩子得不到有意义的教育。这造成了时间和金钱的巨大浪费。钱被花在学校的建设和教师的雇用上，努力让孩子们留在学校（防止"辍学"），但留下的学生也很少真正学到东西［详见穆拉里达兰（2013）］。

　　印度教育系统设计的核心挑战是，它的设计是为了分类，而不是为了人类发展。印度教育体系几乎所有的结构性缺陷都可以用这个框架来解释。

　　请参阅附录A关于这一挑战的规模的说明。的确，也许了解印度学校教育最重要的表格就是附录A中基于德里和拉贾斯坦邦的数据的表格。

　　印度教育政策的一个根本目标必须是将教育体系从"分类与筛选模式"转变为"人类发展模式"。"人类发展模式"将让每个公民学到足够的知识，为他们持续地、终生地学习任何想学习的领域的知识奠定基础。

　　实现这一目标的核心构建模块包括：

1. 改革课程，减少内容，强调理解；

2. 改革考试，提供"绝对"和"相对"的证书；

3. 国家的任务是使学生在三年级达到普遍的识字和计算能力；

4. 普及学前教育，支持小学一年级前的入学准备；

5. 教师培训改革，强调教育方法重于理论；

6. 更加明确政府和市场在印度教育方面的作用，利用私营部门来实现印度的教育目标，必要时对其进行适当的监管（这需要对《教育权法》进行修订）；

7. 在学校创建高质量的职业教育，并将其与以实践为基础的职业教育培训项目相结合（在七至十二年级）。

教育政策也必须强调某些关键的交叉主题，这些主题在印度的教育政策话语中大部分被忽视了——到目前为止，政策更多地关注"做什么"，而不是在财力和能力限制范围内"如何去做"。这包括：

1. 利用证据和研究为政策选择提供更好的支撑信息；

2. 成本效益；

3. 治理。

我们首先讨论交叉主题，接着详细讨论上面提到的七大构建模块：

主题

1. **利用证据和研究为政策选择提供更好的支撑信息**：在过去的15年中，各种政策改善了教育成果，这方面研究证据的质量有了显著提高。然而，这类证据通常不能为联邦和邦政府采纳，他们依旧遵循"老路子"制定政策。因此，尽管教育政策制定者应该充分开展广泛的咨询，但有必要更加重视有高质量证据支持的建议。

2. **成本效益**：第二个关键主题是政策建议的成本效益。之前的教育政策实践中很重视阐明教育愿景，但是却很少关注在政策制定和施行的经济和行政限制下，如何实现这个愿景。鉴于财政限制和一些部门支出的强烈需求，负责任的政策措施必须考虑实现一系列既定目标的各种政策选择的成本效益。

尤其是，上述高质量研究的证据表明，即使不增加支出，通过重新分配支出，从更少的支出转变为更加有成本效益的干预和政策，也有可能显著改善教育成果。虽然削减任何形式的现有支出经常会遇到很多政治阻力，但是至少要用注重成本效益的方式来分配新的支出。

值得特别注意的是教师的薪资问题，教师的薪资是教育支出最大的项目。许多研究表明教师的薪资水平和提升学习成效没有关系。尽管如此，许多邦可能会实施第7届薪酬委员会奖（the Seventh Pay Commission award），虽然极不可能提升学习效果，但是该奖将会获得未来十年教育方面新增的大部分支出[1]。

因此，中央政府必须强力敦促各邦政府进行创新，评估具有成本效益的方案以改善教育效果，并且使用第14届金融委员会奖提供的财政和政策空间来努力使教育支出政策从低成本效益转变为高成本效益。

3. **治理**：最后一个对实现新教育政策目标非常重要的交叉主题是治理。过去十年的研究已经发现印度教育治理上令人震惊的缺陷。例如，印度的教师缺勤率非常高，主要监督职位（包括街区和地区教育官员）的空缺率也很高。这些官员调任频繁（他们平均任期不到一年），这让有效治理也很难实现。

在此，我们建议国家教育政策遵循"改造印度"国家研究院在其学校教育质量指数（School Education Quality

---

1　印度尼西亚的一项高质量研究提供了一个特别引人注目的例子，2005年公立学校教师的工资翻了一番，但这一巨大的增长并没有给学生的学习带来任何改善（de Ree et al.，2017）。

Index, SEQI）倡议下制定的指导方针。

邦级学校教育质量指数的目标，是重点关注将印度学校教育政策的主要目标设定为提升教学成果（学习、受教育机会和平等）。邦级学校教育质量指数也认为学校教育主要是邦级事务，并且旨在鼓励邦级的领导力来用有成本效益的方式提升教学成果。

SEQI的侧重点是衡量和突出各州的年度教育成效改善情况，希望通过SEQI的年度计算和发布，实现：

（1）将政策的聚焦点从投入和项目转移到成果上；

（2）鼓励各邦创新有成本效益的政策来提升结果；

（3）促进邦与邦之间的最好做法的记录和分享。

学校教育质量指数开发出了一系列治理标准，邦可以用来衡量和排名，并且用这个标准可以跟踪不同时期的进展。这些指标反映了对关键治理指标的高度共识，我们敦促人力资源开发部和"改造印度"国家研究院监督这些方面的进展。

现在我们来讨论实质性主题。

1. **课程改革减少课程内容并且更加强调理解**：在亚什帕尔委员会（Yash Pal Comittee）的《新课程框架》（*New Carricular Framework*）中已经提到了很多好的内容和观

点，却没有实施。所以这方面只简单阐述。

当前的课程内容太多，这反过来迫使学生使用死记硬背而不是概念理解的方式学习。重内容的方法再次与分类式的教育系统一致。因为涉及的材料数量巨大，具有更好学术天赋的学生（而不是受到更好"教育"的学生）更容易在考试中获得好成绩[1]。

在一个互联网上很容易查到事实信息的时代（这些信息紧接着在手机上越来越普遍），与通过在不同的来源找到事实和观点、有能力提出和回答相关问题、评估他们的相对优点、有效地综合这些内容以便更好地理解和决策相比，对事实的记忆和复述的价值在不断下降。

因此，我们的教育政策的核心目标应该是简化和缩小所涵盖主题的数量，应强调理解概念、跨主题联系概念并将其创造性地应用于解决新问题的能力[2]。

1　例如，中国古代选拔官僚的考试要求背诵大量的儒家文献。掌握这些文献对"如何"成为一个官员的培养作用有限，但是大量的考试材料让只有天生能力强的学生才可能通过考试。这就是典型的以分类为基础，而不是以人的发展为基础的系统。

2　对于初中和高中教学来说，一个相关的概念是尝试在高中数学和科学教学大纲的内容上效仿美国的体系。这样就可以进行一定程度的跟踪，学生以不同的速度学习完模块，而不是全班同学毫无差别地学习相通的课本和大纲。

2. 改革考试，以提供"绝对"和"相对"的证书：尽管教育家和国家领导人对教育的最佳意图，让教育系统能够反映更广泛的目标，决定老师、家长和学生努力方向最重要的一项仍是考试系统的内容和结构。教育改革者意识到这一点非常重要。的确，考试系统是关键，决定着整个教育系统。

因此，朝着"人类发展模式"而不是"分类模式"调整教育系统方向，要求对印度考试系统进行根本上的重新思考。现阶段的考试系统几乎全部是朝向分类功能的。正如上面解释的，在教育系统中完全去除分类功能现实中是不可行的。然而，目前的问题是：

（1）远远落后于考试入门水平的学生在学习上的进步完全被所有利益相关方（家长、学生和老师）低估了，因为这样的进步在现行的考试系统中得不到体现[1]。

（2）因此，课堂上默认的教学内容几乎完全按照教科

1　最近在德里进行的一项关于课后电脑辅助学习项目有效性的研究，提供了一个很好的例子（2019）。项目在提高六至九年级的学生的学习效果方面非常有效（比印度其他任何具有同等严格程度的干预评估在更短的时间内更有效）。然而，这些学习进步是在比目前注册的低两到三个年级的学习水平上取得的。在我们看来，学习方面的实质性进步在与年级相称的学校考试中是看不到的。这也许可以解释为什么家长对这个项目的需求很低，尽管它在提高学习效果方面是如此有效。

书和教学大纲进行——不考虑大多数学生远远落后于课程教学大纲的标准（请参阅附录A）的事实（至少在公立学校如此）。

（3）因此，在完成八年级之前，落后于年级标准的学生通常在课堂上学到很少。他们唯一达到学校期望的方法是参加补习课，死记硬背过去的考试试卷，以期不知怎的就通过了考试（通常都不怎么理解内容）。

（4）尽管劳动力市场关心学生的实际技能，但没有可靠的方法来了解学生对一个概念理解或掌握的"绝对"水平。这是因为年级水平考试的分数主要是为了给学生进入高级别学校进行排名，并不能为家长、学生和雇主传达关于实际相关技巧的绝对水平的信息。

因此，改革的关键之一是建立一个国家考试机构，由它规定专项技能的"绝对"熟练程度的标准，这些标准按照学科和年级划分得更精细〔类似于可汗学院（Khan Academy）[1]和心灵火花（Mindspark）[2]等基于软件的学习应

1　可汗学院（Khan Academy），是由孟加拉裔美国人萨尔曼·可汗创立的一家教育性非营利组织，旨在利用网络影片进行免费授课。——译者注
2　心灵火花（Mindspark），是一项基于技术的个性化及自适应的数学和语言学习程序，允许学生按照自己的节奏学习。——译者注

用程序的结构〕。

在模块化评估中，技能按照升序来评估，可为家长、教师、学生和雇主提供一个关键的反馈来源，让他们了解学生的绝对能力，以及定期（比如每1—3个月）取得的进展。

虽然考试将继续提供基于学生排名的排序功能，但教育系统的目标是关注每个学生相对于自己以前的水平所取得的绝对进步（无论学生在班级中的排名还是他/她落后于年级水平的程度）。

因此，评估的性质将需要从说"学生X在5班的考试中排名前百分之Y"改为说"学生X在不同的主题或领域展示了以下水平的绝对能力"。这些级别从"未展示"到"掌握"目标，将为家长和学生（特别是最终的雇主）提供关于功能性能力的信息，而不是武断的分数的反馈。

长期来看，这种评估可以通过以技术为基础的平台进行管理——这样就可以进行动态适应性测试，并通过大型项目库保证测试的完整性。但是，在短期内，这种评估可以通过各种主题的预印工作表来进行。

这是一个非常重要的改革，它将保证几百万落后于年级标准并有可能会永远落后的儿童——无论他们是什么水平——被鼓励获得"绝对"进步，它也为那些可能没有走上学术道路，而选择技能训练和职业教育的学生提供关键推动力。

如今，印度技能培训部门面临的一个关键挑战是，参加技能培训或就业培训项目的学生识字和计算能力非常差——因此，他们甚至无法应对技能培训课程的课程设置。这是因为，当学生们在学校接受职业培训并进入此类项目时，他们已经远远落后于课程设置，基础技能也很薄弱。

拥有学习的绝对证书的可靠信号将有助于学生、家长、教师、高等教育（包括职业教育和技能教育）提供者以及雇主。

3. **实现全民普及识字和计算能力的国家使命**：印度教育系统的一项最大失败是独立后70年，大多数小学毕业生仍然缺乏功能性识字能力和计算能力。这是经济上和道德上的双重失败。缺少这样基础的识字和计算能力将阻碍劳动力发展出经济增长所需要的技能，并且也让几百万儿童和青少年失去了参加全国更广泛的经济增长的机会和能够在快速变化的世界成为有能力的公民的机会。

因此，我们认为，为了国家的未来，教育政策需要实现的**最重要的一项成果是，到2022年，确保所有学生在三年级结束时都具备功能性识字和计算能力**。的确，印度教育政策的历史表明，试图做得太多甚至可能会阻碍教育系统达到基本的目标。

因此，即使整个教育系统在未来几年在使命方面只能达成一个目标并且建立程序，确保在2019—2020学年进入学校的每一批学生都能在三年级末获得一般的功能性识字和计算的能力，这将是巨大的成功。

这一目标将通过三组关键投资来实现。第一是**普及学前教育**，以确保在一年级开始时更好地做好入学准备（详见下文）。第二是**为在早期阶段落后的孩子提供补充的教学支持**，以确保每个孩子在三年级结束时都能熟练地读写和计算（这对于现阶段在学校的学生尤其重要）。第三是**对达成这些目标进行独立的衡量和监测，并（至少在区一级）对此投资**，并且激励整个地区的教育机构适当地综合运用认可和奖励的方法来达成这些目标。

要做到这一点，最重要、最直接（也最容易操作）的步骤是在低年级提供补充的教学支持。这种支持将是针对小团体的指导，并适当地定位于学生的水平。在咨询教师群体之后我们会清晰地发现，他们意识到了这种需求，但他们做不到在完成教科书中的课程的同时为落后的孩子提供这种补充指导。同时，来自印度多个邦的大量高质量证据表明，如果儿童在小组中接受适当水平的教育，几个月内就有可能在基本识字和计算方面取得迅速进展——即使这些教育是由来自同一地区的中等教育程度（初中或高中水平）的年轻人提供的（班纳吉等人，2007；班纳吉等人，2017）。

因此，我们建议为每所学校提供预算，以聘请兼职教师（甚至可以是来自同一村庄或地区的初中或高中学生）来提供这种补充辅导。这些辅导老师可以在正规教师的指导下工作，按照学习水平分组，每天为学生提供1—2个小时的补充指导。结合对学习成果的独立监测，这种方法很可能既有成本效益又有成效。

请注意，我们不建议回到辅助教师或者"希克沙·卡尔米（Shiksha Karmi）"模式[1]（它在专业、法律和政治方面有很多弱点）。相反，雇用兼职教师可以被看作支持一项为期5年的国家使命的一种方式——以确保全民算术基础素养。

---

[1]　希克沙·卡尔米（Shiksha Karmi）项目是拉贾斯坦邦政府开展的一项实验发展而来，旨在振兴现行的小学教育体系。该项目的创新是用两个教育者（希克沙卡尔米）取代一个小学教师。这两个教育者和老师不同，他们是本地人，住在当地的村子。该项目候选人应该有8年基础教育的经历，候选标准是他们个人资历和村民的偏好。——译者注

中长期来看，作为教师培训和准备的系统改革的一部分，我们推荐一种新的职前教师培训方法，强调将大量的实践教学作为培训或认证过程的一部分（详见下文）。随着时间推移，我们建议在训练学生成为老师的培训中，教学实践训练的时间可以重点用于提供小组的补充指导，以这种方式来达成小组补充指导的目标。

4. **普及学前教育，为一年级前的入学准备提供支持：**学习水平的巨大差距甚至出现在上学的早期，这在很大程度上归因于教育系统中第一代学习者的大量增加。因此，我们强烈建议全国致力于普及学前教育，以支持学校准备工作，并帮助实现到三年级普及识字和算术能力的目标。

在实践中，实现这个目标有两个不同的方法。第一个是在学校教育体系中增加一年的幼儿园教育。第二个是通过增加一名致力于早期幼儿教育的安甘瓦迪（anganwadi）工作者［这会让现在安甘瓦迪[1]的工作者们继续专注于幼儿的营养和健康］来提高安甘瓦迪中心早期儿童教育的质量。如下所述，这两种方法各有优缺点。

---

[1] "安甘瓦迪"在印地语中意为"庭院避难处"；文中所指是印度政府于1975年启动的儿童发展综合服务计划中的一个项目，旨在解决儿童饥饿和营养不良问题。——译者注

基于安甘瓦迪的模型的主要优势包括：

（1）与家庭的距离更近（这一点很重要，因为年龄较小的孩子的出席率对距离高度敏感）。

（2）早期儿童教育需要的课程和学校教育的需求差别很大并且需要更侧重于玩耍、自我调节、社交技巧和更普遍地为学校教育做准备。这可能需要特殊形式的培训，最好在安甘瓦迪中心进行。基于学校的学前教育有成为仅仅是更小年纪的标准课堂教育的风险（因为这种结构可能会吸引目前的小学教师）。

（3）由于安甘瓦迪的工作人员通常雇用的是当地同一村庄的居民，他们与当地社区的联系更紧密，缺勤率也可能更低（相比教师，他们通常住在城市，通勤去农村上班）。

（4）最后，以安甘瓦迪工人为基础的模式可能比在公立学校雇用更多固定教师的模式成本效益更高（即使在每个安甘瓦迪中心增加了一名额外的安甘瓦迪工作人员来关注幼儿教育之后仍是如此）。考虑到早期儿童教育财政支出上的限制，这是一个非常重要的考虑因素，可能会使早期教育更容易在全国范围内推广。

① 例如，根据泰米尔纳德邦最近关于在安甘瓦迪中心增加一名额外的安甘瓦迪工作人员来关注幼儿教育的影响

的研究，我们估计该政策目前的贴现价值为每月 1.6 万—2 万卢比。因此，工资不超过这个范围的话，投资增加工作人员是有成本效益的。

② 按照目前的开支，增加一名安甘瓦迪员工来专注于早期儿童教育是有成本效益的（因为安甘瓦迪员工的平均月薪在 4 000—10 000 卢比之间）。但考虑到固定教师的工资为 3 万—6 万卢比，以学校为基础的模式不具有成本效益。

然而，以小学为基础的模式也有以下一些优点：

（1）兄弟姐妹一起上学更容易，特别是当大一点的孩子处于学龄期，小一点的孩子是学前年龄的时候；

（2）设施规模更大；

（3）如果由于公立学校入学率下降，该系统有大量"过剩"教师（但这不应该成为扩大常规教师招聘的理由），那么成本就可能更低；

（4）最后，安甘瓦迪系统的质量在不同邦之间差别很大，一些邦的安甘瓦迪项目可能不能正常运转，不能进行早期儿童教育。

因此，尽管上述因素表明基于安甘瓦迪的模型可能具有优势，认识到邦之间的差别很重要，不能强加一种特定的模式——只要各邦推行、普及幼儿教育皆可。

5. **教师培训改革，与理论相比更强调教学方法和广泛的实践训练。岗前培训：**教师是决定学生所受教育质量的唯一最重要的因素，我们希望拥有合格的教师能帮助提高教育质量——事实上，《教育权法》的一个基石是要求所有的教师都拥有正式的教师培训证书。

不幸的是，这一要求没有证据支持。特别是，几项研究表明，将学生和老师在一起期间学习成果的改善作为依据来衡量，**拥有正式教师培训证书与教师们在课堂上的表现之间没有相关性。**［金登和蒂尔（Kington and Teel），2010；穆拉里达兰和桑达拉拉曼（Sundararaman），2011；穆拉里达兰，2012］。

当然，这并不意味着教师培训不能产生效果。然而，证据清楚表明，现在的教师培训是破碎的和无效的（关于这点，2012年的维尔马大法官委员会报告[1]阐述得很清楚）。其中两个原因尤其重要。

首先，大多数教师培训机构质量低，特别是那些基于远程教育或函授课程的（根本没有实际训练）。其次，即使

---

1 这里指2012年维尔马委员会（the Justice Verma Commission）关于教师教育的报告，题为《印度教师的前景——从质量和监测监督》。——译者注

是较好的教师培训方案，其内容分析也表明，课程主要强调教育的历史、理论、社会学和哲学，很少关注教育学，也很少关注实践培训。相反，全球证据表明，最有效的专业岗位培训形式都包含了广泛的实际培训和工作学习（穆拉里达兰，2016）。

因此，我们推荐一种新的教师培训和职业发展的模式，新模式更加重视通过实习进行实践训练，把这个过程作为教师资格认证的一个步骤。特别地，我们建议理想的职前教师培训结构应该穿插理论模块和大量的以实践为基础的培训，以此来获得反映这种实践经验和学习经历的正式的教师培训证书。

我们建议在每个邦建立一些顶尖教师培训机构（在著名的公立和非营利性私立机构）来设计这样一个项目。我们也建议这种以实践为基础的教学学位为4年，并且招收十二年级之后的学生。小学老师会获得小学教学学士实践学位，学位特点是每年至少6个月的课堂实践培训，这样一来在4年的时间内至少一半的时间在课堂上接受培训。对于中学老师来说，这样的项目可能需要5年时间，包括3年的某学科学士学位加上1年的教育理论学习和1年的实践培训。

我们还建议将这些培训项目与公立学校系统紧密结合，这样学员就能有效地融入学校，在学校进行实践培训，并**可以为学校提供有意义的指导支持**。

与《教育权法》准则一致，这些学员不会单独负责课堂，将会在正规教师的密切指导和监督下开展工作并协助完成教学任务（特别是小团体教学，以帮助所有小学生获得通用的识字和计算能力）。

在实践训练期间，我们希望培训机构能继续在线与学生互动——包括观看视频、回答测验、撰写教学经验总结、与其他学员一起参与虚拟社区实践。目的在于实现理论与实践的深度融合，探讨职前教师培训过程中理论与实践的互动关系。

我们希望这样的教师培训项目既有声望又让人向往，因为：（1）教师培训机构总数量有限制，并且入学资格限制为十二年级标准毕业生中排名最高的学生；（2）许多学生将获得学费免除或补贴，因为实习培训包含了为缺乏教师的地区服务的内容；（3）在学校工作期间，学生们还将获得一笔适度的津贴（由教育部支付），以补贴他们几个月的实践训练。

为解决学术上最优秀的学生所在地（通常是城市地区）

和政府学校的教学需求最大的地方（通常是农村地区）空间不匹配的问题，我们建议这类有声望的教师培训项目在地理上分散招生。

例如，一种方法是**让各村务委员会得分最高的申请者进入该项目**。但有一项共识，即实践培训将在同一村务委员会的一所公立学校进行。这种方法的另一个好处是通过在同一个村庄提供训练或就业机会让女性在农村有了更大的参与权。也可以实行各种保留名额制和指标名额制，但可能需要在地区或街区级别实现。

随着时间的推移，我们还建议在聘请正规教师的过程中，对每一年的实际教学经验给予额外的学分（作为实践培训的一部分的年数也算学分）。我们的愿景是，较长时期后，所有进入政府正规教育职位的老师都完成了以实践为基础的综合教师培训课程。

这种方法有几个优势，包括：

（1）通过要求实际教学经验作为认证过程的一部分来提高职前教师培训的质量。

（2）通过观察典型项目中理论内容在实践中的重要性，提高实习教师对这些理论内容的理解能力。

（3）确保进入教育系统、获得稳定工作的老师（一般是公立学校老师）在获得终身职位之前在课堂管理和担任教师方面有足够的经验。

（4）提供具有成本效益的方式，增加公立学校的教学资源。特别是，这将是一种更可持续的方式，使学校能够拥有教学资源，为第一代学习者提供小规模的补充教学，以确保印度教育系统中所有未来的儿童都能普遍具有基本的识字和计算能力。

我们认为，通过改善进入教育行业的渠道和确保普遍的功能性识字和计算能力（通过教育受训人员作为训练一部分所提供的补充指导），这种教师岗前培训的方法可以提高印度教育的长期质量。

虽然这种方法有助于提高教师的长期素质，但也需要迫切关注几十万在职教师的在职培训问题，其中许多进入系统的教师在职前培训中表现非常差。实施这种在职培训的最大挑战是这种培训的质量完全缺乏可见性。因此，虽然大多数邦的关于教师的政策提供每年大约20天的在岗培训，但在实践中，这些培训的质量参差不齐；我们从利益相关者处了解到，这些培训通常是无效的。

因此，提高教师的在岗培训要注重几个关键的原则：第一，需要强调有效的教学方法（特别是通过示范课程来说明有效教学法的各个方面，包括内容、参与、包容和学生配合）；第二，需要管理在职培训方案的质量；第三，需要确保培训确实按照监管规范进行，并**对教师关于培训内容的理解程度进行评估。**

我们建议，实现这些目标最有希望的实际方法是更多地使用在线教师培训内容。具体来说，我们建议开发一个**在职教师培训门户网站**，网站上有几千个视频（包括印度所有主要语言的翻译）和与在职教师培训相关的各个主题的培训模块。例如，一个培训模块可以展示如何以一种互动的方式来教学，让学生参与进来，而不是简单地阅读课本、在黑板上书写，并用短片演示出来。其他视频可以展示教授具体概念的有效方法。还有其他的视频可以展示包容性的教学实践，让所有的学生都参与进来，而不仅仅是学术实力较强的学生。

这样的门户网站将能够实现上面列出的所有原则。这些模块将强调教育法，并提供模块化的培训，而不是整天的课程（研究强烈表明，学生更有可能在胶囊式教学中吸收新材料，而不是传统的以授课为基础的教学）。该门户网站可以让教师对不同类型的内容进行质量和有用性评级，从而创建一种群策群力方式来识别高质量的内容（这将激发印度教师的智慧）。最后，通过为每位教师提供访问门户网站的唯一ID，可以方便地跟踪使用情况、材料吸收情况（通过模块末尾的简短测验）和年度在职培训目标的完成情况。随着时间的推移，模块可以被组织成课程；同时，教师掌握在职培训课程的内容有助于其优秀教师的认证，并将他们提拔到承担更多责任与领导职能的职位。

人力资源部开发的DIKSHA门户网站[1]在内容上执行了这些原则，但是，是否能充分发挥门户网站的潜力，还取决于是否按照上述方法将其纳入教师评价、增薪和晋升。

6. **私立学校管理和《教育权法》改革**：虽然中央和邦政府部门主要关注公立学校（在这里他们有执行的责任），但是**教育政策考虑到私立学校的普及也很重要**。最近的估计显示，印度私立学校有40%的入学率，在几个大城市，这一比例超过70%（印度工商联合会和安永的报告，2014）。在20个最大的邦中，私立学校的总入学率在中等和高等学校中约占55%。

国家教育政策应该关注印度每个学生所接受的教育质

---

1 DIKSHA门户网站是印度教师的全国性数字化工具，让全国所有教师都能使用先进的数字技术。——译者注

量，而不是区分公立学校和私立学校的学生。因此，提高印度教育质量的一个关键因素是增加高质量学校（公立和私立的）。

然而，进入高质量私立学校有严重的限制——最显著的是《教育权法》设置的。我们现在有了数据来评估《教育权法》的实施情况，从而就其如何影响印度的教育质量和可得性提供一个明智的看法。

以下是我们建议对《教育权法》中有关私立学校的条款进行的两项重要改革：

（1）**对私立学校的监管以信息披露为基础，而不是以要求投入为基础。**以投入为基础提高教育质量的方法从来都不可行，因为有大量证据表明，大多数学校的投入对于提高学习效果来说既不必要，也不充足。这还导致了一些家长自愿选择的低成本私立学校被迫关闭，这既不必要也具有破坏性。在许多情况下，即使是公立学校也违反了这些以投入为基础的准则。因此，我们建议：

废除《教育权法》（包括公立学校和私立学校）下所有基于投入的规定，并改变对私立学校的监管方式，使其**基于透明和公开，而不是基于投入**。通过将监管重点放在信息披露上，政策将承认印度各地存在的巨大差异，并允许有效教育模式的多样性出现。监管仍然很重要，私立学校可以因为舞弊等而受到惩罚，但不应该规定它们必须满足投入的要求。

这种方法将促进（而不是抑制）高质量私立学校的扩张，并且容许不同地点和不同学校之间教学方法的差别。另外，它还将促进公立学校进行本地化的成本效益创新，这在《教育权法》规定下可能很难（例如，雇用没有正式教师资格证的人当辅导老师提供补充教学支持）。

（2）为特许学校引入一项全国性政策（至少允许开展正规试点）：《教育权法》条款12c的目标是给来自经济较弱地区的学生提供进入私立学校的机会，它旨在为此补偿私立学校的学费。

这种方式的根本问题在于它**出于社会层面的目的占用私立学校现有学位，而不是创造新的学位**。此外，它是非常狭隘的，因为它基本上在没有充分补偿的情况下私自将四分之一的私立学校学位国有化。最后，过去几年的数据显示，有几个邦将偿还率设定得大大低于法律规范且在许多情况下没有及时偿还私立学校。

其结果就是非少数民族的私立学校不断关闭，因为它们不能承受《教育权法》施加的交叉补贴的负担。

　　因此，我们建议废除《教育权法》条款 12c，代之以公私伙伴关系，以实现《教育权法》12c 条款的公正目的，同时增加印度高质量教育的选择。

　　具体来说，全球证据表明，特许学校——**不收费**（因为它们获得的公共资金等于公共系统中每个孩子的可变成本）**且不能选择性地录取学生**，但是由具有经营自主权的私人实体管理（尤其是在教师招聘和问责制方面）的公立学校——已经成功地大大改善了贫困学生的成绩，同时增加了学校的总数量。

　　印度的证据（穆拉里达兰和桑达拉拉曼，2015）表明私立学校比公立学校更有效率（以每个孩子低得多的成本实现相似或者稍好的学习结果）。因此，如果私立学校（有教师雇用、留任、薪水和绩效管理的自主权）拥有和目前的公立学校系统一样的学生人均支出水平，我们有可能在不增加每个孩子现支出的情况下显著改善学习成果（尽管到目前为止还没有直接的证据）。现在有数百家高质量的私立学校经营者，如果政府能提供与目前公立学校每个孩子的支出数额相近的可靠补贴，他们愿意开办数百或数千所新学校（或承办现有公立学校的管理合约）来服务来自经济更弱地区的学生。

当然，利用这样的经营者来提供像教育这样的公共利益产品，将需要足够的监督和管理。但是使这种方法变得可行的法律框架，可以在未来十年让印度走上教育成果质变的道路。至少，这方面的政策指导方针可以激励正式的试点和对这一方法的评估。

7. **重视职业教育**：印度的就业危机从某方面来看是技能危机，一边是几百万"受过教育"的未就业年轻人，另一边是经常抱怨找不到足够熟练的人力的雇主们。造成这个局面的一个主要原因是教育系统的重点是通过考试（通常是死记硬背），学生没有真正理解学习内容。

虽然印度目前对职业教育的研究还不充分，无法提出有实证依据的政策构想，但美国的研究表明了将职业教育纳入中等和高等中学课程的重要性，可供参考。研究表明，最近越来越多的"大学毕业生工资提升"（定义为大学毕业生相对于高中毕业生的工资增加）可能不仅仅是（像普遍认为的那样）被更复杂的经济和对高等教育的更大需求所驱动。相反，它表明，这至少可以部分地解释高中课程的变化。具体来说，阿隆（Alon，2018）表明美国高中教育课程直到20世纪50年代都有大量的职业教育内容，但是在20世纪60年代发生了变化，把重点集中在进入大学的准备上。

这些措施，有益于接受高等教育的人。但是，对那些不去上大学的人来说，这样做恶化了劳动力市场情况——因为他们的高中教育没有为他们走上劳动力市场做合适的准备（与之前包含更多职业内容的课程相比）。

对印度来说，不重复这个错误是很重要的。职业教育普遍被认为是不受欢迎的，只有那些在学术上不聪明的学生才会选择职业教育。如果我们要提供实现包容性增长所需的人力资本，就必须改变现状。

世界上一些领先的教育系统，例如新加坡、德国和瑞士的教育系统，会在学生进入六或七年级后，对他们进行职业流跟踪。相比于学校教室，通过职业课堂培训和实践培训或学徒制，学生能获得更多的劳动技能。这种培训还与有公信力的资格证书联系在一起（这在我们目前的技能生态系统中严重缺失）。这使得市场能够为有技能的人支付更高的工资，技术合格的工人可以获得中产阶级的工资和收入。

我们建议印度政府认真考虑这种方式，它能更好地服务于数百万“通过”考试但因为没有学到真正技能而无法找到工作的学生。

附录A：中小学的异质性和学习水平

图1显示了来自德里和拉贾斯坦两个邦的学生样本中数学和印地语的学生成绩水平和分布。这来自使用心灵火花软件的两个独立的研究（由艾哈迈达巴德的教育倡议公司开发）和这些邦的公立学校的学生。

这些图依赖于两条信息：（1）学生就读的年级；（2）软件的评估，基于在干预开始时对所有学生进行的通用诊断测试，评估他们的实际能力水平。这可以被认为是软件（基于回答的所有问题的）对孩子的成绩水平的评估（并且是软件随后将开始进行指导的水平）。

图1来自德里5所公立学校的学生样本，他们参加心灵火花的评估研究，是通过抽签随机选出的［转载自穆拉里达兰、辛格和加尼念（2017）］。

请注意，这些数据依赖于基于计算机的评估的主要原因是进行测试时没有"天花板"或"地板"效应。这是动态测试，让我们能够衡量每个学生的确切学习水平。相比之下，纸笔测试（通常是针对特定年级的内容）受印度环

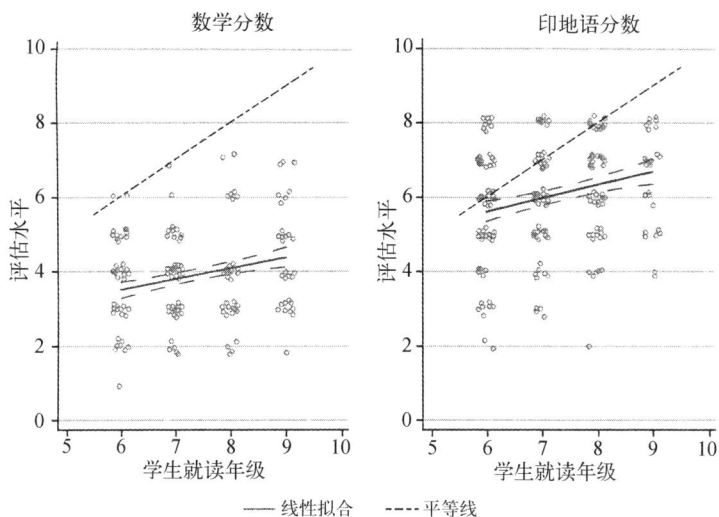

图1　德里学生的学习水平

境中"地板效应"的严重影响。因此，如果一个学生在这样的测试中得分很低，我们不知道这个学生在*多大程度上低于相应的年级能力*（然而，动态计算机为基础的测试不存在这个问题）。

这些调查结果说明了3种关键模式：

1. 到六年级开始时，平均来说，学生在数学上落后2.5年；

2. 到九年级，差距更大，数学上落后4.5年，北印度语落后2.5年；

3. 在任何一个年级，学生的学习水平都有4或5个年级的差距。

这些调查显示的模式很可能是印度教育最重要的事实。虽然众所周知，印度学生平均学习水平低，这些数据说明了另外两个临界点（2和3）。尤其要指出的是，一个班级内学生学习水平的显著差异，既凸显出许多学生与年级课程标准的差距有多远，也凸显出公立学校的教师在处理学生成绩差异方面面临着极其艰巨的任务。

与这些调查的模式相一致，穆拉里达兰等人（2019）也发现，在年级内测试**分数最低的三分之一的学生在整个学年的学习中根本没有进步**，尽管他们已经就学（与他们远远落后于课程标准相一致，基于课本的课堂教学基本上是无用的）。

印度的其他几个研究也暗示了这样的事实结果——这可能是为什么在过去20年教育支出和资源大量增加，但是却没有转化为成绩提高的一个重要原因（因为这些资源并没有解决教育系统的有效约束，即孩子们远远落后）。

图1的一个限制是样本是有限的，他们只来自一个城市的5所学校，而且来自一组选择参与研究的非代表性学生。

相反，图3选取了拉贾斯坦邦四个地区的40所阿达什（Adarsh）学校的五千多名学生作为样本，涵盖了城市和农

村地区，涵盖了从一年级至八年级整个小学阶段（来自正
在进行的关于在拉贾斯坦邦的公立学校中部署心灵火花软
件的影响的研究）。

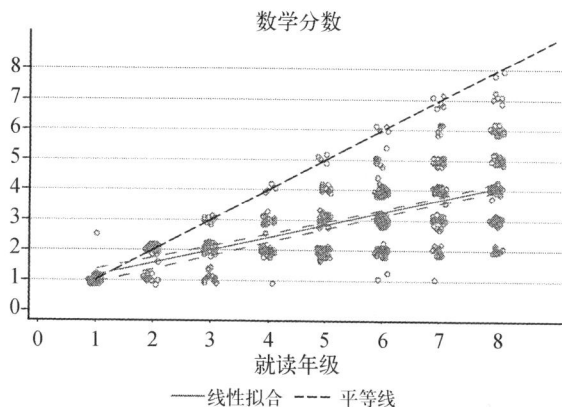

注：每个点代表10个学生。

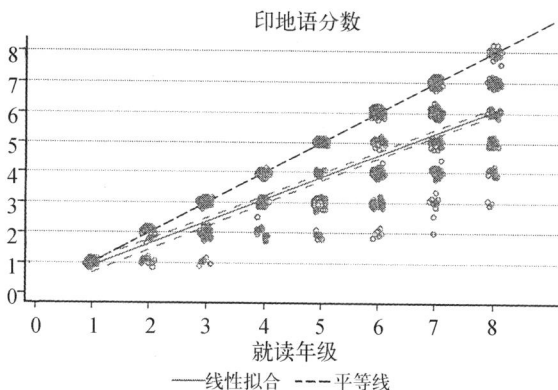

注：每个点代表10个学生。

图3　拉贾斯坦邦阿达什学校学生的学习水平

研究覆盖了项目学校中这些课堂的所有学生（因此我们不需要担心只选择了表现更好或更差的学生）。正如我们看到的，在德里小样本里观察的整个模式在拉贾斯坦邦研究中也很明显：在德里从六年级至八年级分散程度类似，负债类似，而课程设置的差距在这一时期扩大了[1]。

更重要的是，我们发现，**学生与年级标准的差距和同一个班级内的差距，每高一个年级都在急剧扩大**。这种差距扩大的过程贯穿整个小学阶段。

这些图说明了当今印度教育系统结构中最关键的限制：课程只针对分布中最顶端的学生，大多数学生落后了；同一班级内巨大的差异使有效的教学都很难进行；因此，即使完成了基础教育的全部课程，大多数学生仍远远没有达到相应年级的标准。

参考文献

T. Alon, 2018, Earning More by Doing Less: Human Capital Specialization and the College Wage Premium, Northwestern University.

A. Banerjee, S. Cole, E. Dufl O, and L. Linden, 2007, Remedying Education:

---

1 一个变化是，学生现在不用在目前年级以上水平进行评估（不像德里的印地语）。这是一个2017年修改过的算法的产物，上限是评估学生在目前年级的成绩（因为这个指标的主要目的是确定将向学生提供的教学水平）。

Evidence from Two Randomized Experiments in India, *Quarterly Journal of Economics*, 122: 1235–1264.

A. Banerjee., R. Banerji, J. Berry, E. Dufl O, H. Kannan, S. Mukerji, M. Shotland, and M. Walton, 2017, From Proof of Concept to Scalable Policies: Challenges and Solutions, with an Application, *Journal of Economic Perspectives*, 31: 73–102.

FICCI and Ernst & Young, 2014, Private Sector's Contribution to K–12 Education in India: Current Impact, Challenges, and Way Forward.

G. Kingdon and F. Teal, 2010, Teacher Unions, Teacher Pay and Student Performance in India: A Pupil Fixed Effects Approach, *Journal of Development Economics*, 91: 278–88.

K. Muralidharan, 2012, Long Term Effects of Teacher Performance Pay: Experimental Evidence from India, University of California, San Diego.

———, 2013, Priorities for Primary Education Policy in India's 12th Five-Year Plan, *India Policy Forum*, 9: 1–46.

———, 2016, A New Approach to Public Sector Hiring in india for Improved Service Delivery, *India Policy Forum*.

K. Muralidharan, A. Singh, and A. Ganimian, 2019, Disrupting Education? Experimental Evidence on Technology-Aided Instruction in India, *American Economic Review*.

K. Muralidharan and V. Sundararaman, 2011, Teacher Performance Pay: Experimental Evidence from India, *Journal of Political Economy*, 119: 39–77.

———, 2015, The Aggregate Effects of School Choice: Evidencefrom a Two-Stage Experiment, *Quarterly Journal of Economics*, 130: 1011–1066.

Joppe de Ree, Karthik Muralidharan, Menno Pradhan, and Halsey Rogers, 2018, Double for Nothing? Experimental Evidence on an Unconditional Teacher Salary Increase in Indonesia, *The Quarterly Journal of Economics*, 133(2): 993–1039.

解 决 方 案

1. 一项全国的使命是确保到2022年，每个学生到他们完成三年级课程的时，具备读、写和做简单的算术的能力。为此要雇用兼职小学老师——实习生甚至是高中学生——来重点关注落后的学生。

2. 普及学前教育机构，也许可以是安甘瓦迪托儿所。这可以防止首次接受正规教育的孩子在开始时不会处于劣势，并防止劣势随着时间的推移更加严重。

3. 改变教师培养方式，更加注重实践和亲身教学经验。

4. 改革《教育权法》，支持私立学校，并且更加注重私立学校的教学效果，而不是对私立学校要求严苛；改变高中教育，引入强大的职业教育和学徒制。

第 11 章

妇女和工作

WHAT THE
ECONOMY
NEEDS NOW

问　　题

1. 在印度，职业女性太少。更糟糕的是，不参与工作的女性的比例在上升，而且上升得很快。

2. 虽然女性受到越来越好的教育，但即使在工程和管理这样的高技术领域，职业女性的比例也在下降。这表明，在印度对妇女的歧视仍普遍存在且越来越严重。

3. 即使参与工作，妇女也集中在"传统"的领域工作，如家政或者教师。

4. 现有的促进技能和就业的项目忽略了妇女身上额外的限制——这意味着她们处于不利地位。

建立包容性劳动力队伍

罗希尼·潘德

（Rohini Pande）

主要挑战和问题

对社会和经济上处于弱势的群体来说，劳动力市场的高壁垒会在代际间传递，并加剧劣势。本报告总结了妇女这一群体所面临的主要挑战和关注的问题，并讨论了一些政策选择。

低就业创造率、不断上升的资本-劳动比率和高技能人才就业岗位的缺乏，导致印度失业率不断上升[1]。对于已

---

1 2011—2016年，印度的劳动力（有工作和积极寻找工作的人）以每年大约2.5%的低速增长，达到9亿3 400万人（Basole等人，2018）。家庭调查——如国家抽样调查和劳动统计局的调查——被用于计算失业率和劳动力参与率。见参考文献的数据来源。

经就业的人来说，工资增长率仍然很低[1]。这两种挑战对妇女和边缘人群的影响更大。印度的女性劳动力参与率很低，而且一直在急剧下降。全国抽样调查显示，1983—2011年间，印度已婚妇女的劳动力参与率（LFP）从35%下降到24%，尽管经济在增长，受教育程度在提高，生育率在下降。根据英国劳动局（Labour Bureau）的数据，到2015年，只有23%的适龄女性加入了劳动力大军[2]。

　　令人担忧的是，这种下降趋势在高技能职业中很明显：在高回报职业（高级官员、立法者和经理）中，女性员工的比例从2011年的13%降至2015年的7%［巴索尔（Basole）等人，2018］。在工程师中，女性的失业率是男性的5倍［戈尔（Gole），2007；帕特尔和帕尔芒捷（Patel and Parmentier），2005］。在全国范围内，印度女工程师的失业率约为40%［阿南德（Anande），2016］。2015年，

---

[1]　大多数家庭的收入水平在中央第七工资委员会的标准下，导致对政府工作的过度需求，82%的男性和92%的女性每月收入不到1万卢比（中央第七工资委员会推荐的最低工资是18 000卢比）（Basole等人，2018）。

[2]　近期的预估有很大变化。印度经济监测中心（the Center for Monitoring Indian Economy）计算的2017年妇女劳动参与率为12%。同年，国际劳工组织估计为27%。即使是后来，数据乐观了些，印度的妇女劳动参与率在131个国家里依然排名第121位。

女性在制造业劳动力中所占比例略高于22%，但在服务业中仅占16%。值得注意的是，服务业中女性所占比例超过这个数字的，只有在那些延续了她们传统家庭责任的行业中：教育（39%）、卫生（46%）和国内服务（59%）。

伴随着低女性劳动力参与率的是：

- 失业者中的边缘化；在劳动力大军之外但愿意工作的人中，绝大多数是女性。

- 妇女集中在低工资或社会可接受的行业——从本质上说，这些工作是正式的家庭或儿童保育工作的延伸。

- 分担更多家务和照顾孩子的责任，无论其就业状态如何。

这些趋势的一个重要驱动力是性别歧视。蒙达尔（Mondal）等人（2018）表明，1993—2011年，两性间工资差距主要由歧视导致（即，考虑了男性和女性之间不同的技能天赋之后），并且歧视在这一时期更严重了。德什潘德（Deshpande）、戈尔和卡纳（Khanna）（2018）证实了这些结果，并得出结论：鉴于2000年以来的10年间女性受教育水平的提高，如果女性的才能受到与男性同等的重视，那么现在的工资差距应该已经逆转了。那么，政策应如何应对这些趋势呢？

劳动力市场改革：建议

多年来，印度邦和中央政府针对妇女进行多项劳动力市场的改革。我们建议在这一改革体系的基础上进一步发展，在避免未预料到的不利影响的条件下确保加强现有改革措施。我们讨论了四种不同类型的改革。

▶　**加强现有政策：就业方面的平权行动可以模仿政治上针对种姓和妇女的保留政策的成功，但是需要加强监督。**

印度中央和邦政府经常在公共行政和政治中使用保留政策来增加代表性。保留政策使表列种姓和表列部落（SC/ST）的代表在固定收入就业中的比例增加了大约 5 个百分点［布罗亚（Borooah），杜比（Dubey），亚耶（Iyer），2007］[1]，弗莱彻（Fletcher）、摩尔（Moore）和潘德（2018）注意到在"黑板行动"有效保留了女性职位后，女性在教育领域的就业大幅增加。村务委员会为女性保留职位存在了很长时间，来自村务委员会的证据表明配额能有效减少

1　表列种姓和表列部落是印度因为历史原因形成的，处在印度主流社会之外的，印度宪法规定的两类社会弱势群体的总称。——译者注

对妇女的歧视［比曼（Beaman）等人，2009］。

一些邦正在实验在公共就业领域实行广泛的性别配额（比如，2010年，拉贾斯坦邦出台了30%的政府职位女性预留制，其中包括为丧偶妇女保留5%的职位），还有一些邦针对特定行业设定了配额（例如古吉拉特邦的警察行业）。

需要更加重视的是：

▷ 监测这些配额是否被执行，以及补充出台必要的政策，以使妇女在必要的领域获得技能。

▷ 技能方面，"2016年职业培训生调查"发现，在某些情况下，妇女参加培训的配额可以成为妇女劳动力参与率的上限，这表明现行政策长期来看不能减轻歧视［阿尔蒂兹·普里拉曼（Artiz Prillaman），2017］。在这一问题上，积极减少培训师和招聘者中显性和隐性的偏见很重要。

▶ **重新设计政策策略：增加针对个人而不是全家的社会项目，来保证项目的有效实施。**

导致性别歧视的社会原因是险恶的。最大的挑战包括以女性工作为耻辱［特别是结婚后并且（或者）有小孩后］

和移民（除了婚姻）。在极端的父权社会，女性在家庭外工作会降低家庭的社会地位（伯恩哈特等人，2018）。

此外，在父权制和父系社会中，家务劳动被认为是妇女的职责。这会对妇女——作为女儿和最终的妻子——产生终其一生的影响。妇女放弃工作与婚姻以及生育高度相关［贾亚昌德兰（Jayachandran）等人，2015］也并不令人感到意外。因此，改变这种常态需要在家庭内部进行干预。直接受益转移是印度社会部门基础设施中越来越重要的一部分。目前，各政党表示对针对性的最低收入计划感兴趣。重要的是，他们还应讨论家庭中的谁将接受转移。研究表明，将这些资源转移到女性账户中很有价值［菲尔德（Field）等人，2019］。

▶ 改变政策方针：劳动力市场政策的主流性别

印度政府通常没有把旨在增加妇女劳动力参与率的政策与创造就业和技能的政策结合起来。这意味着增加妇女劳动参与率的项目无法拥有公平的竞争环境。例如，印度的技能培训计划通常对男人和女人在安全性和机动性方面的不同视而不见。这样的计划中的性别配额很有价值，但如果该计划不考虑基于性别的劳动力市场壁垒，很可能会

156 | 经济发展需要什么
What the Economy Needs Now

失败（阿尔蒂兹·普里拉曼等人，2017）。

技能计划应明确考虑妇女面临的移动障碍及其安全问题。移民支持中心可以发挥重要作用。

▶ 影响私营部门：补贴雇用者的妇女友好政策的代价

增加女性雇员背后有重要的效率原因。然而，这样做的社会福利大于私人福利。

正因如此，公司可能没有动力去支持对政府和社会整体有利的政策。一个经典的案例是印度最近的产假政策，该政策的代价由私营企业承担。这个法案通过后的最初数据显示，公司可能通过降低雇用妇女的比例来应对这种高额代价[1]。税收优惠、赦免或者类似的项目能够让公私部门雇用妇女的动机保持一致。

我们建议政府立即为带薪产假提供资金，重点针对受教育程度较低的妇女和临时工。考虑到带薪产假，妇女是"昂贵"雇员的观念并不只在印度存在：2014年对英国经

---

1 "Team Lease"（2018）的《孕妇报告》（*Maternity Report*）表明，由于《产假法案》，2018—2019年，在十个领域能够找到工作的妇女将减少110万—180万人。如果把所有部门都算在内，这个数字将达到1 200万人左右。

理人的一项调查发现，由于产假费用"太高"[1]，有40%的人避免雇用妇女。为了支持政府资助的产假，我们参考了两个案例并提出了两项具体改革措施：

第一，我们考虑在加利福尼亚州进行的一项实验。在2002年，加利福尼亚州通过了美国首个综合带薪家事休假（PFL）计划。该项计划为家中有新生儿、领养或者寄养小孩的员工提供6周的部分工资[2]。该计划由员工支付的通货膨胀指数薪金税资助，并未直接增加雇主开销。它与加利福尼亚州现有的州残障保险（SDI）系统相关联，因此行政负担不会落在企业身上。

第二，我们考虑澳大利亚政府的父母带薪休假（PPL）。这是一项由政府资助的计划，向全职、兼职和做临时工作的母亲提供最高18周的全国最低工资待遇[3]。这笔费用先付给雇主，然后由雇主付给雇员。新妈妈可以申请

1　见https：//www.theguardian.com/money/2014/aug/12/managers-avoid-hiring-younger-women-maternity-leave。

2　对于分娩的母亲，除了从怀孕和分娩中恢复的医疗休假外，还可以享受这种待遇。

3　详见https：//www.fairwork.gov.au/leave/maternity-and-parental-leave/paid-parental-leave。

父母带薪休假或者从雇主那里接受父母带薪休假。

在这个问题上的任何政策和法律都要非常重视保护新妈妈的工作，用法律保障来阻止雇用者在妇女产假时将其替换。

参考文献

Cinthya Anand, 2016, Number of Unemployed Women Engineers in India Is as High as 40 Per Cent, *The Hindu*, 26 August 2016.

E. Applebaum and R. Milkman, 2011, Paid Family Leave Pays Off in California, *Harvard Business Review*, https://hbr.org/2011/01/paid-family-leave-pays-off-in, accessed 15 October 2018.

——, 2011, Leaves that Pay: Employer and Worker Experiences with Paid Family Leave in California, http://cepr.net/documents/publications/paid-familyleave-1-2011,pdf,accessed 15 October 2018.

Soledad Artiz Prillaman, Rohini Pande, Vartika Singh, and Charity Troyer Moore, 2017, What Constrains Young Indian Women's Labor Force Participation? Evidence from a Survey of Vocational Trainees, *Evidence for Policy Design*, Harvard University.

Amit Basole, et al., 2018, State of Working India 2018, Azim Premji University, Bengaluru.

Lori Beaman, Raghabendra Chattopadhyay, Esther Duflo, Rohini Panda, and Petia Topalova, 2009, Powerful Women: Does Exposure Reduce Bias? *Quarterly Journal of Economics*, 124(4): 1497–1540.

Marianne Bertrand and Sendhil Mullainathan, 2004, Are Emily and Greg More Employable than Lakishaand Jamal? A Field Experiment on Labour Market Discrimination, *American Economic Review*, 94(4): 991–1013.

Arielle Bernhardt, Erica Field, Rohini Pande, Natalia Rigol, Simone Schaner, and Charity Troyer Moore, 2018, Male Social Status and Women's Work, American Economic Association: Papers & Proceedings, 108, pp. 363–367.

Vani K. Borooah, Amaresh Dubey, and Sriya Iyer, 2007, The Effectiveness of Jobs Reservation: Caste, Religion and Economic Status in India,

Development and Change, 38(3): 423–445.

Ashwini Deshpande, Deepti Goel, and Shantanu Khanna, 2018, Bad Karma or Discrimination? Male-Female Wage Gaps among Salaried Workers in India, *World Development*, 102: 331–344.

Rachel Glennerster, Claire Walsh, and Lucia Diaz-Martin, 2018, A Practical Guide to Measuring Women's and Girls' Empowerment in Impact Evaluations, JPAL.

S. Goel, 2007, Women in Engineering in India, *The International Journal of Interdisciplinary Social Sciences: Annual Review*, 1(6): 1833–82. Institute for Social Sciences Research, University of Queensland, 2014, PPL Evaluation: Final Report.

Seema Jayachandran, 2015, The Roots of Gender Inequality in Developing Countries, *Annual Review of Economics*, 7: 63–88.

S. Madheswaran and Smrutirekha Singhari, 2016, Social Exclusion and Caste Discrimination in Public and Private Sectors in India: A Decomposition Analysis, *Indian Journal of Labour Economics*, 59(2): 175–201.

Santosh Mehrotra, 2018, The Indian Labour Market: A Fallacy, Two Looming Crises and a Tragedy, SWI Background Paper 2018–9, Azim Premji University, Bengaluru.

Bidisha Mondal, Jayati Ghosh, Shiney Chakraborty, and Sona Mitra, 2018, Women Workers in India: Labour Force Trends, Occupational Diversification and Wage Gaps. SWI Background Paper 2018–3, Azim Premji University, Bengaluru.

NITI Aayog, 2017, Report of the Task Force on Improving Employment Data, National Institution for Transforming India, New Delhi, http//niti.gov.in/content/report-taskforce-improving-employment-data#.

Uma Rani and Jeemol Unni, 2009, Do Economic Reforms Influence Home-Based Work? Evidence from India, *Feminist Economics*, 15(3): 191–225.

TeamLease, 2018, Maternity Report, http://www.teamleasegroup.com/maternity-report, accessed on 7 October 2018.

Sukhadeo Thorat and Paul Attewell, 2007, The Legacy of Social Exclusion: A Correspondence Study of Job Discrimination in India, *Economic and Political Weekly*, 42(41): 4141–4145.

数据来源 :（Basole, et al. 2018)

Quinquennial Employment-Unemployment Surveys of the NSSO (NSS-EUS):

1993–1994 to 2011–2012.

Annual Employment-Unemployment Surveys of the Labour Bureau (LB-EUS): 2nd Round (2011–2012) and 5th Round (2015–2016).

Centre for Monitoring Indian Economy (CMIE): The CMIE, in collaboration with the Bombay Stock Exchange, has been publishing reports called "Unemployment in India: A Statistical Profile" since 2016. Three reports are published per year. International Labour Organization statistical database (ILO-STAT).

解 决 方 案

1. 为妇女设置指标配额可能有所帮助，并且有明确的证据表明她们减轻了歧视；但是需要小心监管指标来确保其有效性。

2. 由于根深蒂固的父权制的影响，政府可能不得不开始干预家庭运作的机制——例如，通过确保各种计划的收入转移进入妇女的账户。

3. 所有就业计划和技能计划都应该考虑性别的敏感性和女性工作者的具体需求。例如，工作地点上下班的安全需要成为一个重点。

4. 更多妇女参与工作的社会收益足够高，可以用补贴来改变私营部门的动机。例如，政府对产假的全额或者部分补贴被证明是有帮助的。

第 12 章

——————

金融业

WHAT THE
ECONOMY
NEEDS NOW

问　　题

1. 印度公司过度依赖从银行借款来投资。他们需要一个进入公司债券市场的途径来作为额外的信贷来源。

2. 银行被迫通过法定流动资金比率（SLR）将部分资金用于政府债务。政府使用这种方式来利用家庭储蓄为其财政赤字融资，但这意味着公司债券的可用空间更小了。

3. 政府对银行持有证券的依赖意味着个人和外国投资者发现获得安全可靠的主权担保回报很难。

4. 虽然许多印度人现在拥有银行账户，但是仍然需要建立印度人对正规金融业的信任及理解来鼓励家庭进行金融储蓄而不是购买黄金。

金融业发展和改革[1]

埃斯瓦尔·普拉萨德

（Esuar Prasad）

为了维持印度经济高增长率并更加公平地分配发展成果，金融业在调动资源并将其投入生产用途方面可以发挥关键作用。

一个发展良好的金融体系应该能有效地利用国内储蓄，推动把国内和国外储蓄有效地分配给生产性投资，让家庭和金融机构分担风险并且促进消费支出平稳。为了实现这些目标，金融业需要强大的银行体系以及深厚的股票和债券市场。反过来，这需要流动性强的二级市场以及健全的监管和法律基础建设给予支持。

---

[1] 这篇文章借鉴了 Isha Agarwal 和 Eswar Prasad 的《印度金融行业发展和改革的愿景及行动方案》（A Vision and Action Plan for Financial Sector Development and Reforms in India），布鲁金斯学会的报告，2018。

　　金融业的发展应该和减少资金获得的不平等齐头并进，并朝着普遍覆盖银行和金融服务的目标前进。

　　金融业改革的长期目标包括：

- 使银行体系更加强健，资本更加充足，扩大其放贷能力，并改善向生产率最高的部门放贷的激励措施；

- 扩大银行服务的覆盖面，实现全民覆盖；

- 发展具有流动性和深度的公司债券市场，使金融机构能够以较低的成本筹集债务，以期逐步增加公司债券市场在金融机构融资中的份额，为银行融资提供一种替代方案；

- 增强政府债券市场的流动性，并使其对机构投资者和散户投资者更具吸引力；

- 发展缺失的（或新生的）市场，如固定收益衍生品，以对冲固定收益证券的信贷和利率风险；

- 整合金融市场，简化监管，消除监管套利；

- 建立健全的法律框架和有效的司法机构，以支持金融市场的运作；

- 为交易开发成熟的信息技术框架，信息技术框架能够支持创新金融产品的交易；

- 使金融部门对国际投资更加开放，使印度长期成为全球金融中心。

以下是一些针对金融系统不同部分的具体建议。

企业债券市场

- **放宽投资指引的规范，增加机构投资者对公司债券市场的参与度。** 一些限制的存在制约了保险公司和养老基金等机构投资者对公司债券的需求。放宽这些限制可以帮助这些大额长期投资者提高在印度公司债券市场中的参与度。

- **降低法定流动资金比率。** 法定资金流动率决定了银行被迫持有多少政府债务。降低法定流动率将使银行转而增加其持有的公司债券。印度储备银行已经开始降低法定资金流动率的进程；制定一个明确的中期路径降低法定资金流动率，将有助于银行更好地做好准备，增加债券市场的深度和流动性，减少银行通过持有政府债券为金融机构融资而造成的金融体系扭曲。

- **发展公司债券的信用违约掉期（CDS）市场，帮助投资者对冲风险。** 投资公司债券有风险。如果它们能够进入信用违约掉期市场来对冲风险，投资者将会更愿意投资债券市场。印度央行应该允许对风险敞口进行净额计算，以降低信用违约互换交易的成本，同时保留监管保障措施，以防止过度的总风险敞口。应该取消禁止机构投资者出售信用违约掉期的命令，并且应该允许外国投资者出售信用违约掉期合同。

- **合理化印花税**。印花税的合理化可以使债券发行更具吸引力——但是针对这个建议的行动采取得很慢，首先由帕蒂尔（R. H. Patil）委员会报告（2005）第一次提出。政府应立即采取行动进行改革。

- **提高境外证券投资限额**。目前对外国投资者投资公司债券的限制，不足已发行公司债券价值的10%。印度央行应该考虑提高这一上限。增加外国投资不仅会增强市场的流动性，也会改善市场纪律。

- **创造基准收益率曲线**。政府证券（G-Secs）为公司债券市场设定基准收益率。在印度，发行的政府证券期限往往较长，也就是说，它们集中在收益率曲线的长期端。因此，在收益率曲线的短期端没有可靠的基准收益率。这使得公司债券的定价变得困难。扩大政府债券市场，使其涵盖短期债券，将有助于建立集中在中短期的公司债券的基准收益率曲线（最长5年）。

政府债券市场

- **增加政府债券市场投资者基础的多样性**。应通过降低法定资金流动率来逐步降低计划中的商业银行在投资者基础中的份额。此外，股市还应让散户投资者更容易进入。政府债券市场的外国投资很少，可以增加外国投资以增加投资者基础的多样性。以卢比计价的债券不存在货币风险。鉴于印度经济的积极增长前景和发达经济体的低利率，全球投资者可能会认为马萨拉债券市场具有吸引力。

- **增加通货膨胀指数债券和浮动利率债券的发行**。这些工具对投资者有吸引力，并提供了一个衡量投资预期的标准，这有助于指导货币政策。此外，它们将通过使信息传递对政府来说代价高昂来鼓励信用纪律，从而作为维持低信息传递的承诺手段。

其他金融市场

- **增加散户对股市的参与度**。采取措施，或许可以通过教育人们投资于股市的有关好处（风险）来提高印度股市中散户的参与度，并通过这些市场调动大量家庭储蓄。消除监管套利和增加投资的便利性，也可以增加投资者对股票市场的参与。

- **采取措施减少股票市场的市场集中度。** 在供应方面，应鼓励较小的金融机构参与，使市场不那么集中。另一种方法是降低小公司的进入成本。为了刺激对小型金融机构发行的股票的需求，对投资于中小型金融机构的投资者可给予税收优惠。

- **恢复市场参与者对商品市场的信心。** 这可以通过将临时政府干预降到最低和加强监测市场滥用的措施来实现。

- **改善商品衍生品市场的流动性。** 取消对银行、共同基金、机构投资者和外国投资者参与大宗商品衍生品市场的限制。

- **引入更多的大宗商品对冲工具。** 大宗商品交易本身就有风险，部分原因是大宗商品价格由国际因素决定，也因为它们受到国内和国际因素的影响。因此，要提高这个市场的流动性，就需要引入更多的对冲工具。印度证券交易委员会应该允许广泛的商品期权交易。

- **帮助农民参与农产品交易。**农民在这些市场的参与是有限的，因为目前的程序和准则过于复杂。拥有demat账户[1]或交易账户是进入市场的先决条件。除了减少程序上的复杂性外，还应该对农民进行如何管理期货交易的正式培训，或许可以任命专门的代理来帮助他们进行交易。

- **发展利率期货市场。**市场流动性低的一个主要原因是散户对政府债券市场的参与有限，这削弱了对对冲利率风险的利率期货的需求。为了增加参与利率期货市场，参与基础政府债券市场应该更加多样化。此外，应在更密切跟踪货币政策变化的货币市场工具上引入利率期货。

- **放宽外汇交易利率期货投资规则。**利率期货的总空头头寸少于政府证券和利率期货的总多头头寸的规定可能抑制国外投资。投资利率期货的指导方针应该对外国证券投资者放宽，以使这个市场更具流动性。

1　Demat账户是以数字或电子形式持有股票和证券的账户。除股票外，账户还可以持有债券、共同基金、政府证券或交易所交易基金等多种产品。——译者注

- **通过增加未平仓限制，提高金融机构在外汇衍生品市场的参与度。**虽然货币衍生品市场的平稳运行可能需要一定程度的投机，货币衍生品与基础市场（对外贸易）之间不应存在巨大脱节。提升对客户的持仓限制，这比自营交易员和股票经纪人的持仓限制要低，可以鼓励金融机构参与对冲货币风险。

普惠金融

- **以提高金融素养的措施配合普惠金融改革。**对人们来说，拥有银行账户是依赖正式资金来源的必要条件，但不是充分条件。在使用金融服务方面，必须向当地社区灌输信任思想。银行应雇用农村当地员工提供金融服务使用的入门知识；应该鼓励当地供应商使用他们的银行账户进行交易。

- **改变用黄金储蓄的习惯。**多数家庭将储蓄投资于黄金，这会从正规银行体系中分流一大笔储蓄。应该通过提供有吸引力的储蓄选择，鼓励人们把存款存入银行账户。政府在2015年推出了主权黄金债券，但这些债券的市场一直很冷清。使债券随时可以出售（持续地，而不是断断续续地）并减少锁定期可以提振需求。

- **使商业通讯员（BCs）更加可靠**。印度央行引入的商业通讯员模式是向农村地区提供银行服务的一种很好的方式。这一模式需要变得更加可靠，以恢复当地社区对这个项目的信任。代理人应经过适当的筛选，并获有关银行签发的证明书，以确保资料的安全不受影响。对农村地区的民众开放申诉解决中心，农村居民可以向申诉解决中心报告商业通讯员挪用资金的案件。关于商业通讯员的数据库将有助于评估这个方案的有效性和评估所需的改变。

- **使用技术**。根据世界银行的数据，2015年，印度每100个人中就有79人使用移动电话。这意味着移动银行可以在无银行或银行不足的地区，特别是在互联网连接较差的偏远地区，更大程度上被用于提供银行服务。

规范和监督

- **金融市场一体化**。交易一体化将产生范围经济并降低交易成本，因为参与者将不需要为不同的交易维持不同的利润。例如，受价格风险和汇率风险影响的商品出口商现在必须维持两种不同的利润率——
一种在商品交易所，另一种在证券交易所。这样效
率低并且增加了参与市场的费用。

- **财务分辨率的改革**。印度没有完善的金融危机解决
机制。为了强化印度的法律环境，应该优先考虑解
决金融纠纷的法案草案。

- 《**破产法**》的有效施行。《**破产法**》（2016年）是加
强法律基础建设的一个受欢迎的步骤——但是，正
如拉古拉迈·拉詹在此书中有关银行业改革一文中
所强调的，有效的执行是关键。此外，这并不能作
为大范围企业和银行部门违约的万灵药方。

解 决 方 案

1. 政府应该通过放松管制来扩大公司债券市场。应该鼓励养老基金和保险公司等长期投资者参与进来；对外国投资者的限制也应该放宽。

2. 建立一个明确的途径，降低银行持有政府债券的要求。向更多的外国投资者和个人开放政府债券市场，他们应该拥有安全的、信息指数化的债券的选择。

3. 需要宣传金融知识，特别是那些首次获得正式贷款的人。首先，需要开发以农村为重点的银行模式，鼓励人们将储蓄从黄金中转移出来。

4. 监管和法律体系都需要加强。《破产法》需要有效实施，并制定相应的破产程序。

第 13 章

银行改革

WHAT THE
ECONOMY
NEEDS NOW

问　　题

1. 印度的银行——尤其是公有银行——背负着沉重的不良贷款负担，这意味着它们很难增加对工业的新贷款，并且增长受损。

2. 清理不良贷款不能完全留给国家公司法法庭（National Company Law Tribunal, NCLT）处理，因为法庭会很快被不良贷款塞满。但银行家们担心，如果他们在法庭外做出大胆决定，就会受到调查。

3. 公有银行不够专业。政府仍然控制着它们董事会的任命，它们的管理层缺乏才能和专业知识。

4. 银行被迫做得太多，承担了太多风险。公有银行不得不承担政府政策优先事项的负担，如贷款豁免和定向贷款。所有银行都因为缺乏可以承担部分风险的成熟金融市场而受损。

银 行 改 革

拉古拉迈·拉詹

银行系统的不良贷款负担过重。问题主要出在公有银行，但印度工业信贷投资银行（ICICI）和轴心银行（Axis Bank）等私营部门银行也有问题。有些问题来自改善治理、透明度和激励机制的普遍需求。不过，即便是一些私人银行的困境也表明，将所有公有银行私有化等"简单"的解决方案可能不是万灵药。

无论如何，银行业改革应解决4个广泛领域的问题：

1. 通过复兴那些重组债务后能够复苏的项目来清理银行；

2. 改善公有银行的治理和管理；

3. 通过鼓励将风险转移到非银行机构和市场来降低银行业务的风险；

4. 减少政府对公有银行以及更广泛的银行下达的指令的数量和分量。

恢复可以恢复的项目

按照《破产法》，国家公司法法庭将帮助重组大型企业和项目的债务。然而，如果每个有压力的公司或者项目都来申请，国家公司法法庭将不堪重负。相反，我们需要一个功能性的庭外重组过程——以便绝大多数案件中，公司在破产后重组——如果没有可能达成和解，国家公司法法庭作为最后的解决办法。无论是庭外重组进程还是破产进程，都要加强和加快。前者要求保护银行家在不接受调查的情况下做出商业决策的能力。后者要求在必要时对《破产法》进行稳步的修改，以使其有效、透明，而不会被不择手段的推广者所利用。

当然，对于许多项目来说，如果因缺乏土地、许可或投入供应等其他原因而无法进行，财务重组就没有多大用处。任何一届新政府都必须优先解决这些问题。我不会在这里详细介绍，因为在其他章节中已经讨论过这些瓶颈中的一部分了。

改善公有银行的治理和管理

公有银行董事会仍未充分专业化，董事会任命仍由政府（而非一个更独立的机构）决定，这不可避免地带有政治化色彩。政府可以更仔细地遵循P. J.纳亚克委员会（P. J. Nayak Committee）的报告。最终，强大的董事会应负责所有与银行相关的决策，包括任命首席执行官，同时应对业绩负责。战略投资者可以帮助改善公司治理。

公有银行的风险管理仍需大力改善，监管合规不足、网络风险需要得到更多关注。利率风险管理明显缺乏，这意味着银行非常依赖央行来为长期利率铺平道路。这些都是管理薄弱的表现。内部公有银行候选人在未来几年已经出现了人才短缺，因为过去招聘中断。外部人才以非常有限的方式进入了公有银行的高管理层。这是一个亟待解决的问题，需要更广泛地寻找人才。公有银行的薪酬结构也需要重新考虑，尤其是对高层外部招聘而言。

▶ 项目贷款必须得到改善

显然，可以将更多的内部专业知识引入项目评估和构建，包括了解项目产出的需求预测、可能的竞争，以及发起人的专业知识和可靠性。银行家们必须在关键领域积累行业知识，或聘请行业专家，因为咨询顾问可能存在偏见。

要减轻真正能够减轻的风险，分担不能减轻的风险。真正的风险缓解需要确保关键的征地和建设的许可已经预先到位，而关键投入和客户则通过购买协议受到约束。政府必须及时履行自己应尽的职责。如果无法减轻这些风险，则发起人和融资人应在合同中约定共同分担风险，或者应该使用透明的仲裁制度达成一致。

要建立合理的资本结构。资本结构必须与项目的剩余风险相关。风险越大，股权组成部分就应该越多（当然是真正的发起人股权，而不是借来的股权），债务结构中的流动性就越强。

在可能的情况下，应通过直接发行或证券化的项目贷款组合，利用公司债务市场来吸收部分初始项目风险。在建设结束后，更多这样的公平债务通常应再融资给银行债务。

筹资人应建立一个强有力的项目监测和评价系统，包括在可能的情况下对成本进行仔细的实时监测。发起人应该受到激励，按时执行任务和按时偿还债务应受到丰厚的奖励。偏离轨道的项目应该在变得不可行之前迅速重组。

最后，应该制定对银行家的激励机制，使他们仔细评估、设计和监督项目，并在这些项目成功后获得可观的回报。同样，那些主持了一系列不良项目的银行家也应该被鉴定出并受到惩罚。

私有化吗？

　　公有银行私有化能解决问题吗？关于私有化的许多讨论似乎都以意识形态立场为基础作出假设。当然，如果公有银行能够摆脱一些在运营中受到的限制［例如，为低技能工作支付高于私营部门的薪酬，为高级管理职位支付低于私营部门的薪酬，必须响应政府在战略或授权方面的命令，或在中央警戒委员会（CVC）或印度央行（CBI）的审查下工作］，他们可能会表现得更好。然而，这种自由通常需要与政府保持一定的距离。只要政府持有他们的多数股权，他们就不会有那样的距离。

　　与此同时，不能保证私有化将是一剂万灵药方。一些私人银行管理不善。我们需要认识到所有权只是治理的一个贡献因素并且以务实的方式全面改善治理。这当然是一个值得尝试的案例：将一两家中型公有银行私有化，并将政府在另外两家银行的持股比例降至50%以下，同时致力于对其余银行进行治理改革。我们与其从理论上进行无休止的辩论，不如实践后有了事实依据再继续辩论。为了让这一过程得以通过，需要一些政治上的妥协，但只要新私有化的银行不会因为这些妥协而在其可操作性上完全受到限制，这将是一个值得进行的实验。

合并吗？

改善治理的另一种建议是将管理不善的银行与经营良好的银行合并。这是否会改善双方共同绩效尚不确定——毕竟，由于文化差异，在最好的情况下，合并也很难实现。考虑到管理能力的差异，合并能否提高双方共同绩效，很大程度上将取决于一家好银行的管理层是否足够强大，能够在不疏远管理不善的银行员工的情况下实现自己的意愿。我们现在正在进行两个实验：印度国家银行接管了其区域分支机构，巴罗达银行（Bank of Baroda）、维贾雅银行（Vijaya Bank）和德娜银行（Dena Bank）合并。后一项合并的表现将能提供更多信息。到目前为止，市场的反应表明，人们怀疑它是否会有好的结果。时间会告诉我们。

通过鼓励将风险转移到非银行和市场来降低银行业务的风险

太多的风险转移到了银行身上，包括利率波动等风险，而其他地方的银行通常会在市场上转嫁这些风险。因为其他金融工具，如股票和次级债务，都无法廉价发行，过多的项目风险依然存在于银行身上。风险也会通过"后门"回归。例如，银行不向房地产开发商提供贷款，因为它们存在内在的风险。但它们确实向非银行金融公司提供贷款，而非银行金融公司则向开发商提供贷款。为了防止风险重返银行资产负债表，非银行金融机构必须能够直接从市场筹集资金。正如普拉萨德在本书中所写的，金融市场发展将帮助银行更多关注它们能更好管理的风险，而且能更有效地承担，同时分摊或者放弃它们管理不了的风险。银行必须补充金融市场，而不是将其视为竞争对手。金融技术的应用对它们的这一努力将有特别的帮助。

减少政府对公有银行的授权数量和分量

长期以来，政府一直对公共部门的银行施加无报酬的命令。这是政府的惰行——如果一项行动值得去做，就应该提供预算资源支持。命令也与公有银行中小股东的利益不符。最后，它没有吸引私营部门参与此类活动的竞争。政府应鼓励所有银行从事其认为可取的活动，而不是将其强加于少数银行——尤其是在与银行牌照相关的特权减少的情况下。

在这方面，银行强制投资政府债券的要求［法定流动性比率（SLR）要求］应该继续降低，用巴塞尔（Basel）委员会规定的流动性覆盖比率和净稳定融资比率来取代它们。

更危险的命令包括贷款目标和强制性贷款豁免。政府规定的信贷指标往往是通过放弃适当的尽职调查来实现的，从而为今后的国家行动纲领创造环境。正如印度央行反复主张的那样，贷款豁免损害了信贷文化，给豁免的邦或中央政府的预算造成了压力。这些措施没有针对性，最终会降低信贷的流动性。农业需要着重关注，但不是通过贷款减免的方式。为此达成的各方协议将符合国家的利益。

最后，政府应以改善治理和管理效率为条件，保持银行资本充足。这是一种很好的会计上的做法，因为它可以防止政府在银行资产负债表上累积或有负债，而未来政府被迫买单。

解 决 方 案

1. P. J. 纳亚克委员会提出了一条让公有银行获得更大独立性的途径，该建议应该得到实施。最终，公共部门的银行董事会应该是独立和负责任的，并能够选择银行的首席执行官。

2. 银行需要培养更多的内部人才，以胜任管理项目财务等特殊任务。公有银行可能必须开始支付更高的薪酬，以吸引世界级人才。

3. 作为试点，一些中等规模的公有银行应该进行私有化。

4. 银行不应被迫执行政府的优先政策。避免债务豁免条款的多方协议，是符合国家利益的。

第 14 章

环境和气候变化

问　　题

1. 印度非常容易受气候变化的影响，印度的农业和其他方面的生产力、健康和水供应尤其受到威胁。

2. 现有的环境监管机构缺乏资金、能力和权力。机构科学家数量不足，且依赖政客提供资金，也没有权力设定费用或罚款。

3. 过于宽松或过于严厉的法规意味着法院经常干预环境问题——有时施加过分的惩罚或提出过分的要求。

4. 印度的森林资源管理不善，当地社区在如何管理森林方面几乎没有发言权。关于砍树的严格规定意味着新开辟的森林太少了。印度几乎没有动力去保护生物多样性和野生动物。

环　境

E. 索马纳坦

（E. Somanathan）

污染管理

最近媒体已经关注到了空气污染，但是这个问题已经积累了很多年了。很明显，我们现有的监管体系未能对问题进行监控，并在早期阶段进行足够的干预。但这只是众多迫在眉睫的问题之一。许多地方的水污染同样严重。不久前，有新闻报道称，亚穆纳河的氨含量已经高到净化工厂无法处理的程度。事实是，我们的监管体系无法履行监测环境、阻止威胁演变为危机的任务。

现有的立法和监管体系存在以下问题：

- 中央和各邦的污染控制委员会资金不足，依赖委员会行政长官获取经费。委员会在雇用方面没有自主权，而且人手不足——尤其是缺少合格的科研人

员。美国环境保护署有 1 万 4 千名员工，而印度中
央污染控制委员会（The Central Pollution Control
Bourd）只有几百名员工，科学家的数量更少。污
染控制委员会没有法律义务考虑科学证据或进行成
本效益分析。

- 只有全有或全无的惩罚是可行的，因此污染控制委
  员会面临的选择是要么什么都不做，要么关闭一个
  行业。这样的后果是，直到事态发展到危机，法院
  介入（有时以严厉的方式）前没有采取任何行动。
  时有时无的性质导致了监管的不确定性，因此金融
  企业没有适当的动力去投资清洁技术。

如果（在生产线最为集中的地区）不合理使用污染费
或罚款，就无法实现用有成本效益的方式处理主要环境问
题。例如，对精炼厂的塑料生产收费（如果塑料回收就能
退费，即不循环的塑料需要收费），因为监督塑料袋的小生
产商和零售商的成本高得令人望而却步；对燃煤发电厂排
放的烟尘或二氧化硫征收的费用；对煤炭使用（适用于用
煤量较少的个人用户，无法出资监测煤炭用量的，由政府
出资）收费；对精炼厂的柴油机收费（因为监控单个车辆
排放的污染物是不切实际的）；对氮肥的使用收费，因为在

农场监控费用较高；等等。

管制污染的建议

监管应授权给中央和邦一级的独立监管机构，同时中央监管机构对跨邦污染的所有污染物有绝对的权力。应通过以下方式加强现有的监管结构：

- 监管机构有权对污染物或者与污染物有密切联系的添加物征收排污费。它还应该有权对不遵守规定或不支付费用的行为征收罚款。

- 监管机构的任期为5年，除非弹劾否则不能免除。

- 管理机构必须通过对行业收入收费自动获取资金，这样它就不依赖年度预算拨款。这个费用必须定得足够高，才能保证政府的预算在GDP中所占的比例能够与发达国家的同行相提并论。预算的增加应该在未来5年分阶段逐步划拨。该机构必须完全自主做出所有决定，包括雇用人员和使用其预算。

- 必须要求监管机构使用最有效的科学和经济证据为污染物（或与污染物有密切联系的添加物）设定排污费，费用等于它们造成的损失的货币价值，并对不合规行为征收罚款。规则或收费及其理由必须在发布之前留有一段时间征求公众意见。所有污染监测数据必须及时公布。

- 监管机构必须有权进行和委托外部实体进行科学研究（包括经济研究），以确定适当的法规和费用。

- 监管机构可以建议将收费和罚款的收入用于何处，**但最终决定必须由政府**（邦或中央，视个别情况而定）做出。该收入不应该成为机构预算的一部分。

授权一个独立的科学机构决定恰当的监管或收费水平是合适的，因为政治系统没有足够的动机来处理缓慢成熟和很难理解的问题。给政府权威来决定污染收费的用途，对于以民主方式适当补偿被监管损害利益的各方是非常重要的。由科学机构来做关于收入分配的最终决定是不合适的。

除了能够征收排污费，监管机构应该有权发布污染物的排量限制或直接禁止的命令。

污染费有两个优势。第一，它们能有经济效益地减少污染，因为它们向生产链和消费链的各方提供诱因，以改变他们的行为，从而减少污染。例如，对煤炭征收费用会提高煤电的价格——这转而会让消费者减少浪费并且让生产节能电器的生产商更有市场。这也会引发差异巨大的各行各业升级技术，以节约煤炭的使用。它还将为风能和太阳能等可再生发电技术提供更大的市场。

第二，它们也有政治优势，这一点也许更为重要。目前行业游说的焦点是停止或削弱监管。鉴于政府有来自污染收费的收入和政治上独立的监管机构，行业可能会得出这样的结论：游说政府，让行业从污染费中获得一部分收入，用以安装污染设备或投资清洁替代品，比游说政府停止或延迟监管更有可能取得成效。

不是所有的污染问题都能通过这样的监管机构得到解决。家庭空气污染问题就是一例。人们常误以为家庭空气污染只在室内存在。事实上，它是造成全国空气污染的最大单一因素。家庭空气污染具有成本效益的解决方案是，退还低收入家庭每月 100 kWh 的电费（冬季因使用电取暖而电费较高），并向他们收取与其他用户相同的电费。这将极大地扩大现在的电磁炉市场，并且让人没有什么动机使用固体燃料。收入可能来自监管机构征收的排污费。虽然在电力供应的可靠性和质量改善之前，部分地区可能仍将继续使用液化石油气，但与补贴液化石油气相比，上述方法更具成本效益。虽然液化石油气仍有可能继续部分使用，直到电力供应可靠性和品质得到提升。

气候变化

印度非常容易受到气候变化的影响，我们已经遭受的损失包括：热浪造成的死亡［马兹迪亚尼（Mazdiyasni）等人，2017］、更有破坏性的风暴、主要农作物的产量损失［奥夫汉默（Auffhammer）等人，2006；古普塔（Gupta）等人，2017］以及制造业生产率的下降［索马纳坦（Somanathan）等人，2015］。然而，最大的危险还在后面。最近对喜马拉雅山脉变化的一项评估表明，除非变暖减缓，到2100年，多达90%的冰川可能会被融化［韦斯特等（Wester et al.），2019，数据7.9］。在非季风季，这会对北印度的供水产生灾难性影响。

在很大程度上，如上文所述，有效的污染管制制度也会减少温室气体的排放。导致全球变暖最重要的污染物是二氧化碳，它是由化石燃料——煤炭、石油和天然气——燃烧产生的。当化石燃料燃烧时，会产生其他污染物。因此，当对这些污染物征收排污费时，也会抑制化石燃料燃烧和二氧化碳排放量。

此外，还需要若干互补政策——例如，通过提供适当的城市基础设施，促进步行、骑自行车和公共交通；通过提供充电基础设施，促进交通电气化。印度也需要通过扩大旱情和热敏性作物的研发，优化作物规划等多项措施，适应现在不可避免的气候变化。

为了抑制全球气温升高，保持气温在安全水平，世界必须停止增加大气中的二氧化碳和其他温室气体量，甚至最终从大气中移除一些。然而，印度在全球温室气体排放中所占的份额只有大约7%，位于中国（26%）、美国（15%）、欧盟（10%）之后，排第四位。在未来几十年里将这些排放降至零——之后负排放——要求用可再生能源大规模替代化石燃料以及其他有待开发的技术。如果有现成的市场，这些产品就会被开发出来。这要求碳排放价格（或是污染费）上涨，以诱导各种化石燃料的替代品的开发。印度应该率先向其他碳排放大国提议，如果它们设定一个不断上涨的碳排放价格，同时将收入保留在各国国内，那么印度也会这样做。这会给它们带来压力，迫使它们采取有意义的行动。

生态保护

国家公园系统之外的森林和其他自然生态系统，例如草地和湿地都受国家森林部门管理，经营效率低下（索马纳坦等，2009）。当这些土地与村庄接壤时，需要立法将它们移交给地方机构,比如格兰沙巴[1](gram sabhas) 来管理。如此一来,木材和其他林产品的产量更高, 谷地利用率更高,经营更有效率 [正如中国森林改革的经验所表明的那样 (徐, 2010)]。

格兰沙巴可能让木材的产量更有效率,但是却可能不能充分保护野生动物和植物种类的多样性。就保护生物多样性和保护野生动物的激励措施而言, 通过征收木材税来为生态系统服务付费将比现行法规更具成本效益和政治上的可接受性。这种改革的一个重要方面将是取消现有的禁止砍伐和销售木材的法律和条例——即使是在私人土地上——以便农民和地方机构有动力植树。

国家公园系统也应该进行改革,与当地社区分享收入、分担管理责任。

需要立法规定公路和铁路必须使用地下通道和立交桥。这将允许建设项目在不切断野生动物迁徙的前提下继续进行,此举对防止物种灭绝至关重要。

1　格兰沙巴是印度设在村委会一级的基层民主机构。——译者注

参考文献

M. Auffhammer, V. Ramanathan, and J. R. Vincent, 2006, From the Cover:
Integrated Model Shows That Atmospheric Brown Clouds and Greenhouse
Gases Have Reduced Rice Harvests in India. Proceedings of the National
Academy of Sciences, 103(52): 19668–19672.

Ridhima Gupta, E. Somanathan, and Sagnik Dey, 2017, Global Warming and
Local Air Pollution Have Reduced Wheat Yields in India, *Climatic Change*,
140(3–4): 593–604.

O. Mazdiyasni, A. AghaKouchak, S. J. Davis, S. Madadgar, A. Mehran, E.
Ragno, M. Sadegh, A. Sengupta, S. Ghosh, C. T. Dhanya, and M. Niknejad,
2017, Increasing Probability of Mortality during Indian Heat Waves,
Science Advances, 3(6): e1700066.

E. Somanathan, R. Prabhakar, and B. S. Mehta, 2009, Decentralization for
Cost-Effective Conservation, Proceedings of the National Academy of
Sciences, 106(11): 4143–4147.

E. Somanathan, Rohini Somanathan, Anant Sudarshan, and Meenu Tewari,
2015, The Impact of Temperature on Productivity and Labor Supply:
Evidence from Indian Manufacturing. Discussion Paper No. 15–03. Indian
Statistical Institute, New Delhi, India.

P. Wester, A. Mishra, A. Mukherji, A. B. Shrestha, 2019, The Hindu Kush
Himalaya Assessment: Mountains, Climate Change, Sustainability and
People. Springer.

J. T, Xu, 2010, Collective Forest Tenure Reform in China: What Has Been
Achieved So Far, In World Bank Conference on Land Governance. World
Bank, Washington, DC, http://policydialogue.org/fi les/events/Xujintao_
collective_forest_tenure_reform_china.pdf.

解 决 方 案

1. 每个邦以及中央设立独立的监管机构，费用直接来自对产业的收费。这个监管机构必须能使用科学依据设置污染收费和罚款，以此动摇污染行业的整个供应链的污染动机。

2. 应该鼓励家庭在做饭等活动中使用电力——特别是通过退还低收入家庭的电费。应该在全国范围内推广充电基础设施，鼓励人们使用电动汽车。

3. 印度应对气候变化的全球战略应把重点放在接受提高碳排放价格的观念上，这将促使人们对化石燃料的替代品进行更多研究。

4. 地方社区应该对森林资源有更大的控制权，同时为维护森林地区的生态系统支付费用。

后记

八项挑战和八项改革

阿比吉特·班纳吉　　拉古拉迈·拉詹

2018年10月，我们十三位经济学家聚在一起，在这个国家为选举做准备时，确定一套政策构想，展开对话，希望能影响党政宣言和政策愿景。尽管我们的观点从右翼到左翼各不相同，但我们在印度面临的挑战和目前急需的改革问题上达成了惊人的一致。我们中的两位仔细筛选了一系列想法，选择了我们认为的最大挑战，提出了解决它们的建议。

正如我们所看到的，重新思考政府是关键。政府的能力是有限的。我们需要在加强政府力量的同时，让其政策更有针对性。政府政策的稳定性很重要，这样我们的农民和金融机构才能更好地进行规划，市场才能发挥更有效的作用。合作联邦制——中央和邦一起努力，相互学习——

非常重要。

以下是印度面临的八大挑战，以及应对建议：

1. 邦和中央庞大的财政赤字总额结合在一起，给私人投资留下更少更昂贵的资源。我们应该以达到财务责任和预算管理为目标——到2023年占GDP的5%——但不是通过创造性的会计或表外交易。相反，我们必须通过更加合规和更累进的税收增加收入，并且更好地使用。邦赤字有所增加，部分原因是市场认为政策将纾困负债过重的邦，因此不向它们收取更高的利率。为了鼓励更好的行为，任何超出约定上限的邦的借款都应该通过不受任何联邦担保的特别债券来获得资金。以运行良好的商品及服务税理事会为模板的中央-邦理事会可以监督财政联邦制。

2. 目前处境艰难的三个经济部门是农业、电力和银行——尽管过去政府大幅干预，也通常是因为这个原因。例如，定期出口禁令和大规模进口以保持食品通胀下降，从根本上取消了反对农业贸易的条款，同时降低了农民计划的能力。针对农民的廉价或免费电力耗尽了地下水位，达到了灾难的程度。农民确实需要帮助。但是，使用的手段——贷款豁免，在采购和投入价格补贴不足的情况下的最低支持价格——经常加剧问题。除了加强对新技术和灌溉的投资外，政府还采取行动，按照特伦甘纳的里图班杜计划，向持有资产低于一定限额的农民一次性支付款项，将会是一项进步。

同样的，陷入困境的国有配电企业夹在希望增加电力销售的发电企业和希望获得更可靠电力的消费者之间。解决方案是众所周知的——更好的计量，减少电力和能源投入的扭曲定价，以及在分布式生产和分散分配中使用新的、更清洁的技术。所有这些都需要重新思考政府的角色——正如任何解决银行业困境的可持续性方案都必须建立在重新思考的基础上。

3. 我们需要更好的营商环境——无论是为那些离开农业、城市学校或大学的人创造就业机会，还是为增加我们严重不足的出口。我们需要学习各邦的经验，了解在土地征用、产业监管、电力和物流供应以及环境许可等领域，什么是有效的。一个中央-邦生产力委员会可能有效。这样一个委员会可能会重新提出经济特区的想法，在这样的经济特区，土地、环境许可和交通基础设施都可以配套提供。这些特区不一定针对出口，也可能被用来进行改革实验，比如在全印度推广之前试验修改劳动法规，为建立共识提供必要的证据。

4. 可持续增长需要更有效、更少负担的监管。我们的城市正在窒息，气候变化近在眼前。市政当局需要权力和资金来应对这些挑战，这意味着更多的权力下放。在另一些地区，我们需要权力更加集中。例如，成立一个技术上更强的新的环境监管机构，将目前存在的多个机构的权力结合起来，在对交易进行仔细分析的基础上确定费用并执行它们。

5. 政府必须提供福利，但并不总是最适合发放这些福利的主体。为减轻执行负担，解放能力，迎接新挑战，政府应该转向现金转账的方式。作为第一步，所有具体政府补贴项目的受益人都应该可以选择是接受现金转账还是实物福利。

我们的许多挑战都和提高人民的能力有关。

6. 我们在政府中需要更多有技能的人员——更高层次的科技领域像数字化、贸易谈判和环境监管需要，更低层次的大城市以外也需要。在顶层附近的职位上，需要更多的从私营部门招募的优秀专业人员加入永久的公务员系统中。在较低水平上，太多印度年轻人浪费了数年时间参加竞争激烈的考试，以求获得大多数人永远也得不到的政府工作。另一个可以让他们获得技能和工作经验的选择是，让26岁以下的年轻人在需要职员的政府部门或者公共行业从事多年带薪实习，薪水相当于入门级市场工资（比政府薪水少得多）。实习表现可能有助于获得永久性的政府工作——不过，应该抵制让这些实习成为永久性工作的政治压力。

7.《教育权法》关注的是对学校的投入要求，这些要求对学习成果影响很大，学生学习成果恶化得很严重。学习必须是我们的中心任务，所有的学校，无论是公立还是私立，都有责任让每个孩子获得最低水平的基本技能。通过补习教学使落后学生恢复到正常水平将是至关重要的。

8. 我们必须应对即将激增的非传染性疾病，这需要一线医务人员的参与。他们中的绝大多数人没有正式的资格证书，但有证据表明，可以对他们进行培训，促使他们更好地从事医疗工作。既然他们是病人所信赖的人，卫生系统就应该更好地利用他们，而不是忽视他们。

编者、作者介绍

阿比吉特·班纳吉是麻省理工学院福特基金会国际经济学教授，阿卜杜勒·拉蒂夫·贾米尔贫困行动实验室(J-PAL)创始人。

普兰久·班达里是汇丰银行的首席印度经济学家。此前，她曾在新德里的联邦财政部和香港的高盛工作。

萨吉德·奇诺伊是摩根大通的首席印度经济学家，此前曾担任国际货币基金组织的经济学家和纽约麦肯锡公司的高级合伙人。

玛伊特里什·加塔克是伦敦经济学院的经济学教授。

吉塔·戈皮纳特是国际货币基金组织的经济顾问和研究部主任。

阿马蒂亚·拉希里是不列颠哥伦比亚大学皇家银行学院经济学研究教授和高级研究与学习中心主任。

内尔坎特·米什拉是董事总经理、亚太地区战略联席负责人，以及瑞士信贷的印度经济学家和策略师。

普拉奇·米什拉是印度储备银行战略研究部门的前负责人，现任高盛集团董事总经理兼首席印度经济学家。

卡尔提克·穆拉利达拉是加州大学圣地亚哥分校的"塔塔大学校长经济学教授"。

罗希尼·潘德是哈佛大学肯尼迪学院国际政治经济学"拉夫克哈里里教授"。

埃斯瓦尔·普拉萨德是康奈尔大学贸易政策"托拉尼高级教授"和布鲁金斯学会高级研究员。

拉古拉迈·拉詹是印度储备银行前行长，也是一位国际院士，任芝加哥大学布斯商学院"凯瑟琳·杜萨克·米勒金融学杰出服务教授"。

米希尔·夏尔马是观察者研究基金会的高级研究员，也是其经济与增长项目的负责人。

E.索马纳坦是德里印度统计研究所经济与规划部门教授。